JN300731

恥ずかしくて聞けない
道徳指導50の疑問

小川信夫著

黎明書房

まえがき

　昨年の春，新しい道徳の指導資料開発の一つとして，誰でも楽しく資料を読みこなし，参加できるように『道徳の授業が100倍面白くなる道徳朗読劇の指導』を黎明書房から出版しました。これはユニークな指導資料として教育現場から評価を得ました。

　他の教科指導と違い，道徳の時間は戦後，1958（昭和33）年を出発点として，ようやく半世紀を経てたどり着いた，いまだ日も浅い実践授業です。その上，出発時点から様々の意見にさらされ，教育現場としては幾多の試行錯誤を繰り返しながら今日に至っています。

　しかし，その道徳指導に対して，最近は一段と要望が高まってきました。情報社会という人類が経験したことのない未知の航海に，大人と共に船出した子どもたち。情報の荒波の中，自己の進むべき定点をもてない羅針盤を携え，漂流状態のままさまよう子どもたち。そんな子どもたちに生きる術を与え，灯台としての道しるべを与える道徳の時間の役割が再評価されてきたのです。そして，今回の指導要領改訂の核ともなった道徳教育の強化。

　この本はそんな道徳授業を進める上での，道しるべ，案内板とも言える役割をもったものです。道徳授業にしぼって，様々の情報を収集整理し，アレンジした知恵袋の役割を担うよう編集されています。

　この案内板を入り口にして，さらに充実した実践の指導に，また，研修などの分野に広く，多くの先生方に活用していただけたら幸いであります。

　なお，編集にあたっては黎明書房の武馬久仁裕社長，及び担当の都築康予さんに多くの示唆と助言をいただいたことを深く感謝しています。

　　2010年1月

現代教育文化研究所

代表　小 川 信 夫

目　次

まえがき　1

第1章　道徳教育一般　7

1　道徳授業の時間は，いつ，どのような考えで作られたのか　8

2　道徳の時間を要として指導を行うとは　10

3　道徳の時間は「学校全体での道徳教育」をさらに補充，深化，統合を図る場である，というのは　12

4　道徳教育推進教師の主たる役割について　14

5　低学年の道徳性の発達と指導のポイントは　16

6　中学年の道徳性の発達と指導のポイントは　18

7　高学年の道徳性の発達と指導のポイントは　20

8　中学生の道徳性の発達と指導のポイントは　22

9　総合学習との関連で道徳授業を生かすには　24

10　価値の一般化と類型化について　26

11　生活指導と道徳指導の違いと関連について　28

12　体験学習と道徳指導の関連について　30

● **出会い体験・表現活動の指導プログラム（一例）**　32

第2章　指導計画などについて　33

13　道徳教育の全体計画はどのようにして作るのですか　34

目　　次

14　道徳の時間の内容の取り扱い方について　36

15　道徳の時間の指導内容一覧について（小学校・低学年編）　38

16　道徳の時間の指導内容一覧について（小学校・中学年編）　40

17　道徳の時間の指導内容一覧について（小学校・高学年編）　42

18　道徳の時間の指導内容一覧について（中学校）　46

● **人間の心理と行動のパターン**　49

19　道徳の授業の構造化について　50

20　特別活動・学校行事と道徳指導との関連は　54

21　道徳指導での「情報モラル」の扱い方　56

22　「心のノート」を道徳指導にどのように活用するか　58

● **「心のノート」をよりよく活用するために**　60

第3章　道徳授業の活性化について　61

23　道徳指導案の一般的な形について　62

24　ねらいに則した指導過程の工夫について　64

25　道徳授業で活発な話し合いをさせるコツについて　66

26　教師の発問で大事なコツは　68

27　教師の説話が大事と言われる理由は　70

28　道徳指導に役割演技や動作化を取り入れる配慮は　72

29　朗読劇を道徳指導に取り入れる効果と指導について　74

30　道徳指導を楽しくするペープサートや指人形の使い方について　76

31 道徳授業に板書を効果的に生かす配慮は　78

32 道徳副読本の効果的な利用法について　80

33 道徳授業が養育と言われる理由は　82

34 道徳授業におけるワークシートの利用について　84

35 道徳の時間の評価はどのように取り扱うのでしょう　86

《指導略案例》　88

第4章　道徳資料の取り扱い　89

36 道徳指導に資料はなぜ必要なのでしょう　90

37 読み物資料の種類と，その特色について　92

38 道徳授業における自作 VTR 資料の効果的な生かし方　94

● **VTR 台本の形式（一例）**　97

39 テレビの道徳番組の効果的な利用法について　98

40 心の葛藤を軸に道徳的価値を追求する読み物資料の扱い方　100

41 知見に主眼を置いた読み物資料の取り扱いについて　102

42 感動を訴える読み物資料の取り扱いについて　104

43 基本的な生活習慣をねらいとする指導のポイントとは　106

44 モラルジレンマと言われる道徳授業について　108

45 道徳の授業に生かす OHP の扱い方　110

目　次

第5章　家庭・地域との関連 113

46 道徳指導を通じて家庭との連携をどう図るか　114

47 道徳授業の地域・保護者への公開について効果的な方法は　116

48 保護者との面談の効果的な方法は　118

49 ゲスト・ティーチャーの導入と効果について　120

50 郷土資料を活用して授業する上での配慮は　122

第1章

道徳教育一般

1 道徳授業の時間は, いつ, どのような考えで作られたのか

1 道徳の時間の設置と発足

1958（昭和33）年3月18日付の「文部省事務次官通達」によって, 道徳の時間を設け, 道徳教育の徹底を図ることが当時の文部省によって決定され, また, 同年8月,「学校教育法施行規則」の一部を改正する省令の公布によって, 道徳の時間が新しい指導領域として明確に学校教育に位置付けられました。また, 同年8月, 文部省から新たに「学習指導要領・道徳編」が告示され, その目標, 内容及び取り扱い上の要点を明らかにされたことで, 道徳の指導が明確化されたのです。

2 学習指導要領・道徳編で示された「内容」

「内容」については, 1958年8月, 小, 中学校「学習指導要領・道徳編」で, 小学校36項目, 中学校21項目と公示されました。項目別には, 小学校は, ①主として「日常生活の基本的行動様式」に関する内容が6項目。②「道徳的心情, 道徳的判断」に関する内容が11項目。③主として「個性の伸長, 創造的な生活態度」に関する内容が6項目。そして, ④主として「国家・社会の成員としての道徳的態度と実践的意欲」に関する内容が13項目。合計36項目という内容になっています。

一方, 中学校では, ①主として「日常生活の基本的な行動様式」に関わるものとして5項目。②「道徳的な判断力と心情を高め, それを対人関係に生かして, 豊かな個性と創造的な生活態度を確立していこう」とする項目が10項目。③「民主的な社会および国家の成員として, 必要

第1章　道徳教育一般

な道徳性を発達させ，よりよい社会の建設に協力しよう」とする項目が6項目。合計21項目となっています。

この「内容」の取り扱いを通じての表現に，小学校と中学校では，若干，ニュアンスの違いが感じられます。例えば，小学校では，内容の表現が「(1)生命を尊び，健康を増進し，安全の保持に努める。」など，語尾が「する」「なる」など，到達目標を示す表現になっているのに対して，中学校では同じねらいの内容の表現が「(1)生命を尊び安全の保持に努め，心身ともに健全な成長と発達を遂げるように励もう。」というように，「〜しよう」「〜いこう」「努めよう」など，努力目標の表現になっています。

小，中のニュアンスの違いは，当時，まだ道徳教育の指導をめぐっては色々な意見があり，道徳時間の設定をめぐっても教育界には混乱があったことによります。

3　道徳の特設時間の生まれる背景と考え方

教育のねらいは「人格の完成」（教育基本法第1条）にあります。その基盤となるのが道徳性を養う教育活動です。

戦前は国家的目標と一体化した「修身」という時間がありました。1945年，終戦とともにこの時間は廃止され，戦後設定された社会科などを中心に生活指導と絡めて，道徳に関する指導は行われてきました。

これに対して道徳教育は学校教育全体で行われるべきものではあるが，さらにこれを基盤にしながらも，特に道徳的価値観の育成にねらいをしぼった道徳の指導が必要で，そのための時間を設けるべきだとの意見も多くあり，1958年3月の「教育課程審議会答申」で新たに「道徳」の時間が設けられることになったのです。

しかし，日教組による特設道徳反対運動などもあり，その後，しばらく混乱の時期もありましたが，次第に情報社会への変化なども踏まえ，道徳性の育成が強く社会的にも求められる時代に入り，学習指導要領の改訂を重ねる中で，今日の道徳教育の形ができあがってきたのです。

9

2 道徳の時間を要として指導を行うとは

1 新指導要領，第1章総則の「要としての道徳の時間」について

> 第1-2 学校における道徳教育は，道徳の時間を要として学校の教育活動全体を通じて行うものであり，道徳の時間はもとより，各教科，外国語活動，総合的な学習の時間及び特別活動のそれぞれの特質に応じて，児童（生徒）の発達の段階を考慮して，適切な指導を行わなければならない。

平成20年度告示の「学習指導要領」では，道徳教育に力点が置かれました。特に学校全体で取り組む道徳教育の実質的な充実を図る視点から道徳の時間を学校全体での道徳教育の要（中心的な核）として位置付け，計画的，実践的な道徳教育の重点化を図るよう求められています。

2 要の要点は「内容」の明確化と指導の徹底を図ること

道徳の時間に取り上げる「内容」については，「各学年段階ごとにすべて取り上げること」と明記され，内容の指導に取りこぼしがないよう強く求められています。また各教科等においても，その道徳の「内容」に触れるものは，それぞれの特質に応じて適切に指導することなども示され，道徳の時間で指導する「内容」の重さが改めて強調されているのです。

なお，今回示された道徳の「内容」（参照・項目14～18）は，下記の通りです。

・低学年では，挨拶などの基本的な生活習慣や，社会生活のきまりを身につけ，善悪を判断し，人間としての基本を学ばせる，そうした項目を重点に16項目が設定されています。

第1章　道徳教育一般

・中学年では集団や社会のきまりを守ることと，身近な人々との協力や助け合いの態度などを養うことを主に押さえ 18 項目となっています。

・高学年では，法やきまりの意義の理解や，集団の役割責任，国家社会の一員としての自覚。また日常生活における悩みや心の葛藤など人間関係の理解や生き方を求めることなどに重点を置き 22 項目が設定されています。

・中学校では，生徒の発達段階や特性を踏まえて，さらに小学校で示された「内容」を踏まえ，将来にわたっての人間としての生き方を考え深める配慮のもとに全学年共通で 24 項目の「内容」が示されています。

3　道徳の時間の要と指導計画の重要性

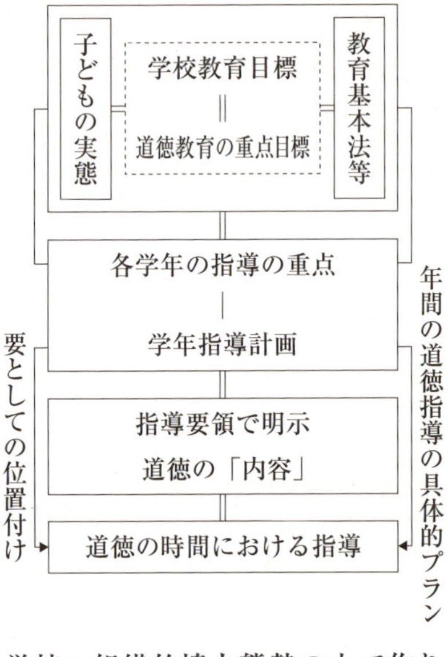

　学校の教育活動全体を通じての道徳教育，特にその要として道徳の時間の指導の徹底化を図るためには，学校の道徳教育の「全体指導計画」「学年指導計画」「学級指導計画」と，今回，指導要領で明示された道徳の「内容」との関連付けをどう具体的に図り，指導するのか，その「年間の道徳指導の具体的プラン」が大事です。このプランを，「要」として中心に据えます。

　そうした指導計画は児童・生徒の実態や，地域の実態，また保護者や社会の要請などを広く視野に入れて，学校の組織的協力態勢の中で作り上げていくものです。その上で効果的な授業を立ち上げていく。それが児童・生徒はもちろん，教師自身も，道徳の時間が魅力的で，しかもそれが生きる力の要だと自覚する，そんな道徳の時間になるのです。

道徳の全体指導計画

子どもの実態	学校教育目標 = 道徳教育の重点目標	教育基本法等
	各学年の指導の重点　学年指導計画	
	指導要領で明示　道徳の「内容」	
	道徳の時間における指導	

要としての位置付け　　　　年間の道徳指導の具体的プラン

11

3 道徳の時間は「学校全体での道徳教育」をさらに補充，深化，統合を図る場である，というのは

1 学校全体の教育活動と道徳指導

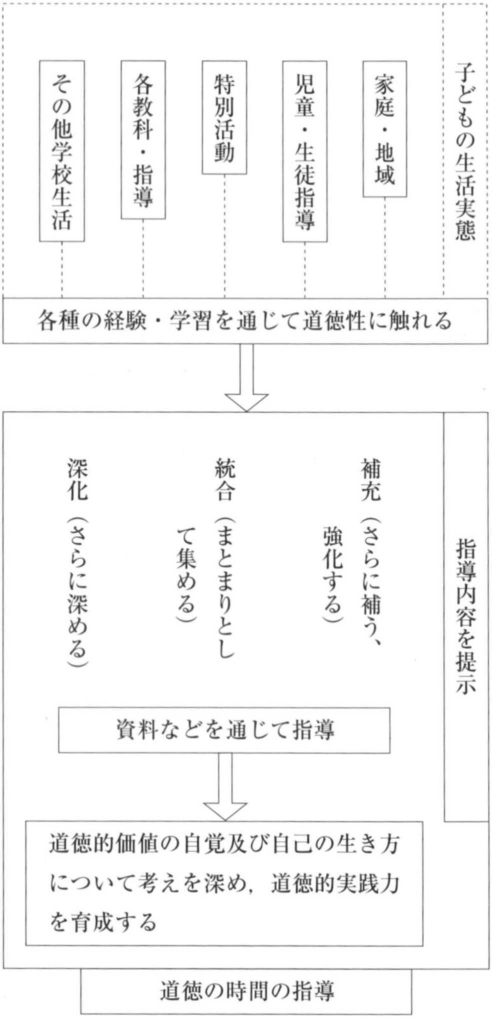

人間は日常の生活の中で，様々な試行錯誤を繰り返しながらも，よりよく人間らしく生きたいと願っています。つまり日常の実践の中で道徳性は自然に磨かれてきているのです。

そこで学校でも道徳教育は教育の全領域の中で自然に触れられ，行われているから，特別に道徳の時間を設けなくてもよいという意見も，時間が設置された当時ありました。

しかし，各教科の学習過程では，道徳性に触れることはあっても，教科には，それぞれ特性に応じて目的，ねらいがあります。

対して，道徳の時間は，道徳的価値そのものをねらいの目的とした学習の場です。

```
┌─────────────────────────────────────┐
│ その他学校生活  各教科・指導  特別活動  児童・生徒指導  家庭・地域 │ 子どもの生活実態
└─────────────────────────────────────┘
        各種の経験・学習を通じて道徳性に触れる
                    ↓
┌─────────────────────────────────────┐
│ 深化（さらに深める）  統合（まとまりとして集める）  補充（さらに補う、強化する） │ 指導内容を提示
└─────────────────────────────────────┘
            資料などを通じて指導
                    ↓
    道徳的価値の自覚及び自己の生き方
    について考えを深め，道徳的実践力
    を育成する
                    ↓
            道徳の時間の指導
```

第1章　道徳教育一般

2　昭和 33（1958）年の「学習指導要領・道徳編」に，補充，深化，統合が

　昭和 33 年の「学習指導要領・道徳編」の「第 3　指導計画作成および指導上の留意事項」の 1 ですでに「指導計画は，学校の教育活動全体を通して行う道徳教育の計画の一環として，各教科，特別教育活動および学校行事等における道徳教育を補充し，深化し，統合し，またはこれと相互に交流しうるよう，組織的，発展的なものでなければならない。」と述べています。つまり学校の教育活動全体を通じて養われてきた道徳性を，道徳の時間の中でさらに，適切な資料や，学習活動などを通じて，さらにその道徳的価値について補充（補う）したり，深化（重点的に深める）したり，また，他の資料や経験などを絡めて一つのねらいに統合（集める）する。そうした機能を道徳の時間に生かすことで，より豊かな道徳性の育成が発達の段階に沿って図られると強調されました。

3　補充，深化，統合でさらに充実した道徳指導の時間となる

① **補充とは**　各教科，領域での道徳指導は，その教科や領域の独自のねらい達成をめざすために，道徳の指導は不十分です。そこを道徳の時間でさらに他の道徳資料などを使って補います。

② **深化とは**　学校全体の教育活動の中で触れる道徳的価値の学習は，全体の活動とのバランスの中で，時間も少なく，どうしても道徳的な指導は浅いものになりがちです。そこで道徳の時間でさらに道徳的価値を，内面的に深く自覚させる指導に徹します。つまり教科指導などで触れた道徳的価値をさらに深めるのです。

③ **統合とは**　学校の教育活動全般では，道徳教育だけに特化しての指導は難しく，それも断片的な指導になりがちです。そこで活動全般を通じ，組織的，計画的，発展的に道徳の指導を組み立てるためには，道徳的なねらいに沿って集めた立案などが求められてくるのです。

13

4 道徳教育推進教師の主たる役割について

1 指導要領によって明確化された「道徳教育推進教師」

> 「指導要領第3章　道徳，第3の1」に示された内容。
>
> 「各学校においては，校長の方針の下に，道徳教育の推進を主に担当する教師（以下「道徳教育推進教師」という。）を中心に，全教師が協力して道徳教育を展開するため，次に示すところにより，道徳教育の全体計画と道徳の時間の年間指導計画を作成するものとする。」

　明確化された道徳教育推進教師の役割の一つが，道徳教育の全体計画と道徳の時間の年間指導計画の作成です。すでに計画ができあがっている学校でも，推進教師を中心とした見直しが求められます。

　このように推進教師を置くことで，学校をあげて，より計画的・重点的な道徳教育の推進態勢が構築されることが期待されているのです。

2 全体及び年間指導計画の作成，または改善の仕事への着目点

① 学校の道徳教育の全体計画の作成と見直し

・学校の全教育活動との関連で，道徳教育の全体計画を作ります。この際，児童・生徒をはじめ学校や地域の実態を十分考慮します。

・学校の道徳教育の重点目標を設定します。その具体的な指導の展開として，指導要領に示された道徳の内容との関連を十分図ります。

・各教科，総合的な学習の時間，特別活動の指導内容との的確な関連を図り，特に時期などにおいても，家庭・地域と連携を図ります。

② 道徳の時間の年間指導計画が重点化され，目標が的確に生かされているかチェックする

・道徳の全体計画との関連で教科など，全領域を通じて道徳目標が生

かされ，そのための計画的・発展的な授業が工夫されているか。

・道徳で示された「内容」は年間を通じてすべてクリアされているか。
中でも重点化された内容が的確に位置付けられているか。

3　指導方法の改善に対するチェック

① **ねらいに則した適切な指導資料が用意されているか**

・資料の収集と整理，改善が常に行われているかのチェックを。

② **地域の文化，伝承，伝統などが生かされた指導が行われているか**

・地域のゲスト・ティーチャーの発掘と交渉が機能しているかのチェックを。

③ **研究授業の計画と公開授業の実施について評価はどうか**

④ **行事などを踏まえた体験学習と関連させて計画は立案されているか**

4　学級担任の相談役と役割

道徳の実際の指導は学級担任を中心に行われますが，常に道徳指導へのサポート役が求められています。

授業そのものの指導方法の改善や助言，それも学校全体の視野に立って相談に乗れるのは道徳教育推進教師です。学級経営の立場や，生徒指導の面からのアドバイザー役に徹します。広い共感力のもと，明るいまとめ役が期待されます。

学校全体の年間道徳指導計画
↓
道徳教育推進教師
↓
アドバイザー役
（データバンクなど）

指導体制の確立と人間関係への改善

具体的助言
学級指導個人指導などへの助言

紹介，交渉
ゲスト・ティーチャーを迎えての授業への要望

指導案，方法，助言
道徳授業への助言指導への要望

年間指導計画への改善

学級担任

5 低学年の道徳性の発達と指導のポイントは

1 形式的な判断からやがて役割の理解が高まる時期

◎1年生の頃は物事を自己中心的に考え行動する幼児期の傾向が残っています。つまり遊びや学習仲間との人間関係を広い立場で判断したり，また，相手の立場になって考え合ったりすることができにくいのです。そのために親や教師の指示で動く傾向が強く，未熟な自我をこうした大人の指示や考えで補って行動するのです。

・良いこと，悪いこと，そうした行動の規範も大人の指示によって形式的に判断して行動する傾向が強い時期です。

・学校でのリズムある規則正しい生活や，幅広い仲間との遊びなどの経験を積み重ねる中で，次第に自分を抑えることや，相手の気持ちを感じ取って行動する態度が芽生えてくる時期です。

◎2年生の頃になると学校生活の経験も増し，知的にも能力が発達してきて，次第に自分で考えたり，自主的な判断力や行動も目立ち，自分の役割なども理解して遊びや生活ができるようになります。

2 道徳性を育てるポイント

① 望ましい行動の模範（モデル）を与える

模倣期から次第に自我が形成されてくる時期には，基本的な人間の行動として望ましい社会的適応のあり方を示すモデルを与えることが必要と言われます。つまり道徳的に望ましい基本的な行動様式を一貫して示してやることが求められているのです。

特に人間の基本的生き方として，道徳的な善悪を強く印象付け，理解させる指導が求められます。

物語や寓話などを通じて教えるなど，特に空想的な世界を通して大事

第1章　道徳教育一般

にイメージさせて教えることなどが，効果的な指導の一つとして挙げられます。

②　日常の基本的生活習慣をもとに規範意識を育てる

「三つ子の魂，百まで」の諺どおり，脳細胞の発達の著しい幼児期から少年期への時期に，人間生活にとって必要な基本的な生活様式，つまりしつけと言われる行動様式を身につけさせることが大事です。今回の指導要領でもこの点について強調されています。つまり継続的な一貫した指導を学校と家庭，地域が連携し行うことが求められます。

脳細胞の発達が著しい時期

インプット　　　インプット

| 空想力旺盛 | 身体・心理発達著しい時期 | 向日性明朗 |

アウトプット　　　アウトプット

----基本的な生活習慣の形成時期----
・自立，自律へのステップ
・規則的な生活習慣
・しつけと言われる行動習慣

----基本的な人間関係----
（コミュニケーション能力の基礎）
・話し合う能力
・耐性の育成など

3　道徳授業でのポイント

・空想的な世界に興味があるので，童話などの絵本や挿絵などを使った資料を多用するのも効果的です。

・動作化，映像教材，紙芝居，人形劇，ペープサートなど，視聴覚的資料や直接表現の方法などを使い，身体に道徳的な行為の基本となる行動様式を体得させます。特に抑制の心などは，知的理解よりむしろ行動化させて身体に刷り込む，そんな場面を想定して指導プランを作ります。

17

6 中学年の道徳性の発達と指導のポイントは

1　ギャング・エイジと言われる時期の特徴をつかむ

・身体も成長し，運動能力も知的能力も急速に伸びる時期。生活の行動範囲も広がり，未知なものへの冒険心や探求心も旺盛になります。

・親への依存度が仲間への関心に変わる時期でもあります。特に心理的にも母子関係の分離期と言われ，親への依存から次第に離れて，仲間との遊びや学習を通じて人間関係が作られてきます。

・しかし，その関係の作り方も多分に未熟なため，仲間同士での遊びや学習などでのルール違反などの場面で，自己主張がぶつかり合って，様々な他者とのトラブルも生じてくる時期です。

・行為に対する善悪の判断はある程度つくのですが，集団活動への興味が強く，ギャング・エイジと言われる徒党を組んで思わぬ危険な行動をしたり，また秘密の共有などで仲間の影響を受けやすい時期です。

2　道徳性を育てるポイント

①　集団の規則やきまりの意義を理解させる

　集団意識が急速に芽生えてくる時期を捉えて，集団生活の基本的なルール（協同活動の仕方，仲間関係の作り方，規則の尊重など）を生活場面に則して理解させます。このため学級経営をする中で，仲間作りや人間関係の作り方など場面を捉えて指導します。個から集団への広がりの時期，できるだけ実践的に道徳性を育てる指導をします。

②　学習活動のための生活のリズムの作り方への実践

　脳の発達が旺盛な時期です。それに伴って知的な能力，問題解決能力なども伸びてきます。この時期を捉え，学習活動の楽しさ，意欲付け，

そのための基本的な生活のリズム，例えば早寝，早起き，朝ごはんの大切さなど，生活上の基本的習慣を，家庭などとの連携で指導します。

3　道徳授業でのポイント

①　役割取得への関心を高め，体験的な学習を取り入れる

頭より先に身体が動くと言われるほど，行動的な時期です。この特性を捉え，できるだけ身体で理解させる方法も取り入れます。その一つが役割を与えて動作化させるなどの場面を導入する指導方法です。

②　空想から現実へ。授業でも，問題解決型の場面を取り入れる

リアルな自分たちの生活場面にも興味を示す時期です。この時期を捉え，その解決への人間関係の手立てや，心のあり方を学ばせる問題解決型の指導も大切です。

③　個々の子どもの性格や特性に応じた生活指導面での配慮も

自己主張が強く，不公平には敏感になる時期。道徳指導と並行して，個々の子どもの場面に応じた生活指導への配慮も求められます。

7 高学年の道徳性の発達と指導のポイントは

1 思春期前期の時代，心と体の乖離に悩む時期

　第二次性徴前期に入り，急速に発達する身体，しかし，情報とモノの豊富な環境の中で育つ現代の子どもたちは，とかく個としての自立が遅れ，親を含めた大人たちに頼りがちと言われます。身体は大人へ，でも精神的な自立の心はそれになかなかついていけない。この乖離に悩みながら**反抗と依存を繰り返す時期**でもあります。

　一方，自我の意識も高まってきます。この広がりの中，自分の価値判断にこだわりがちで，**自己主張も顕著**になります。

　そのため，自己防衛意識も強くなり，攻撃的な態度で感情的なトラブルも目につきます。しかし反面，仲間意識も強く，目標を共有すれば連帯感も育って友情や思いやりといった**人間関係を紡ぎ合う道徳性も育ちます**。

　反面，意に添わない者を差別したり非難するなど，わがままな，抑制力のきかない**感情的な行動に走る**など，両極の揺れが見られます。特に**異性を意識**する中で男女間のトラブルも出てきます。

　しかし，社会的な視野の広がりもかなり高まり，情報を通じての世間の出来事や流行には敏感に反応します。法やきまりなどの意義も次第に理解し，**社会的にも善悪を判断する力や正義感が育ち**ます。

心と体のアンバランス

2　道徳性を育てる指導のポイント

①　社会的な認識能力の発達を捉え，法やきまりなどの規範意識を育てる

　社会的なきまりや法に関する身近な問題に題材を求める資料はもちろん，歴史上の人物や先人たちの遵法の精神に徹した物語など，視野を広げた社会的な課題に向き合う指導も求められます。

②　相手の立場を理解し，支え合う態度を育てる

　親切，友情，協調など，人間関係の豊かさを十分理解させ，集団生活を営む中で互いの役割や責任についても考えさせ態度化を図ります。特に，男女の問題は，単に仲良く生活するというレベルから，男女共同参画社会の意義や，そのための男女の役割や協力の仕方などにも触れます。

③　国家や社会の一員としての自覚をもった態度を育てる

　環境問題などを含め，郷土や国家について考え，国際的にも誇れる社会や国を創るにはどうしたらよいか理解させます。また，国際的な視野に立った人間愛の心情も育てます。

④　性的にも身体が変わる時期

　特に心のケアには，個々の子どもの特性に応じて目を向け，悩みや葛藤などの心のゆれには注意をはらい，自分の生き方などについて考えさせるような指導を工夫します。道徳ノートや相談ノートなどの活用もその一つです。

8 中学生の道徳性の発達と指導のポイントは

1 自我の不一致に悩みながらも，自律への理想を求める時期

臨床心理学者の故河合隼雄氏は「人生途上で，自分でも一番訳の分からない時期は，思春期に差しかかった中学生の時期」とよく話されていました。

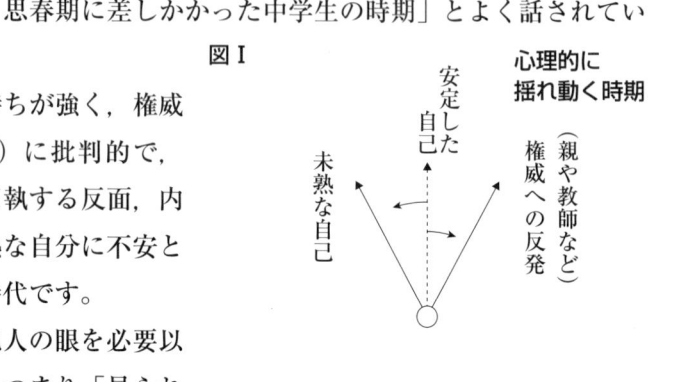

自律的な気持ちが強く，権威（親や教師など）に批判的で，自分の判断に固執する反面，内省的に見て未熟な自分に不安とあせりを持つ時代です。

その一方で他人の眼を必要以上に気にする。つまり「見られる自己」にこだわるかと思うと，「見る自己（内省）」によって感じ取る「ひ弱な，力無い自己」への悩み。それを糊塗しようと無理に外見上のツッパリに走る。この両極を心理的に揺れ動く時期です。

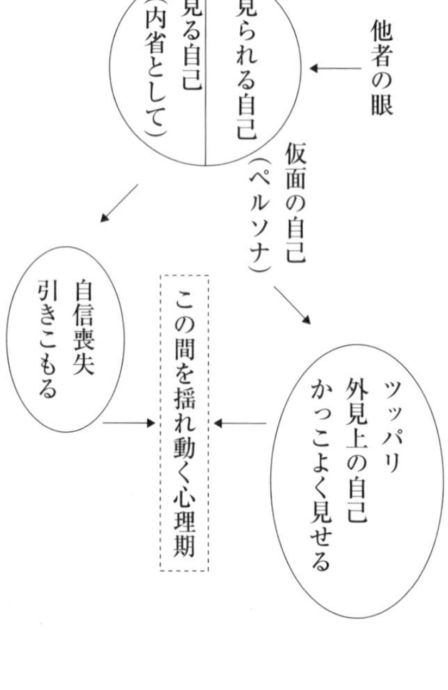

また問題解決に対しても，とかく観念的な捉え方をする一面，理想を追う態度も強いと言えます。

なお，仲間集団への帰属意識も強く，その中で居場所が奪わ

図Ⅰ

心理的に揺れ動く時期

安定した自己

未熟な自己

（親や教師など）権威への反発

図Ⅱ

見る自己（内省として）

見られる自己（ペルソナ）

他者の眼

仮面の自己（ペルソナ）

自信喪失引きこもる

この間を揺れ動く心理期

ツッパリ外見上の自己かっこよく見せる

第1章　道徳教育一般

れると，強い危機感をもち，自信をなくして，極端な防衛意識に陥るあまり自閉的になるなど，傷つきやすい「**繊細なガラス細工の心**」をもつ時代とも言われます。

2　道徳性の育成のための指導のポイント

①　理想への憧れを糧に生き方の指導をする

純粋性を求める時期です。人間愛に富んだ先人の行為や理念に富んだ生き方などを，読み物資料やその他の資料を使って学び合いをすることで，人間性への憧憬を深めます。新指導要領でもこうした感動を共有する資料の開発が求められています。

②　仲間集団との関係を通じて，社会的な関わりのあり方や，社会的な生き方の課題に迫らせる

論理的にものごとを考えることもできる時期です。人間関係を心情面でのみ捉えることなく，さらに社会的な広がりの中で，規律や法という立場で考えさせ，将来を見通した社会的資質に富んだ態度化を図ります。

③　多様な実践方法や学習を通じて，道徳の授業を自分の生き方に引き寄せる「活性化した人間の学びの場」にする

中学生の時期は多くの体験や葛藤の場面にも遭遇し，生活の経験も増えてきます。授業でも積極的にそうした体験や経験を反映させるために，特に言語の力を駆使した授業を構築しましょう。討論やディスカッションなどの場面を導入したり，また内省的に書いたり，記録したりの累積を通じて，自己の成長を確認する，長期的な立場での指導も取り入れていきます。

こうした方法で，各授業でなされた自分の生き方の内省の累積から振り返る態度も育てます。

④　特に，生徒と教師の人格的関わりを重視して，生徒指導や学級経営を道徳指導の基盤として大切にします

9 総合学習との関連で道徳授業を生かすには

1 学校教育での体験を生かした学習形態

① 総合的 学習 ⇩	② 教科 学習 ⇩	③ 総合 学習 ⇩
児童・生徒の資質，能力開発		

左の図を見てください。

①の総合的学習は，児童・生徒の問題解決学習の場で，教科横断的な学習につながります。

②は系統的な教科学習の場です。

③の総合学習は教師側（学校）が問題を設定して，学校（学級）全体で課題を追求して学習します。①～②を横断した課題の設定も可能で，道徳の時間とも密接な関係をもった指導になります。

2 ③を生かした「総合単元的道徳学習」（ユニット学習の例）

ユニット1	ユニット2	ユニット3	ユニット4
（共通体験） 野生動物センター見学 ・動物の保護された状態 ・油で汚れたり，傷ついた動物を介護 体験を深める	（心を耕す） 心情深化活動 課題の追求 《読み物資料》 ↓ ナホトカ号の油汚染 「道徳授業で深める自然破壊」	（生み出す） 思考し表現活動へ ・身の回りの生活で環境汚染はないか ↓ 調査，まとめ	（広げる） 発信，表出活動 （自己表出） 生活に生かす ↓ ・まとめ ↓ 発表 レポート ビデオなど
⇩	⇩	⇩	⇩

24

問題を見つける 力を育てる	価値に気づく 学びの力	問題解決の力 をつける	創造，発展への 力を育てる

3　課題別の総合単元的道徳学習

　総合単元的学習の場を生かして，道徳指導を深めるためには，知の探求，例えば，図書館やインターネットなどで対象とする活動内容について十分調べるなど，知的な学習が求められます。その上で実践的な体験学習を積み重ね，相互を絡めた課題別の取り組みが考えられます。

　また逆に体験などの実践活動を経て，知的理解を重ねる方法もあります。地域の方にゲスト・ティーチャーをお願いして，さらに具体化を図ります。また，まとめた結果の発表会をもったり，紙面で公開したり，地域との密接な連携の学習が考えられます。

◆主な課題別の総合単元的道徳学習を挙げてみます。

1．環境（自然やいのちの問題）を中心にしたもの。

　　・農作物実習→道徳指導の時間へ→発表会など

　　・環境問題→道徳の時間で深化・統合・発展→まとめ

2．国際交流を中心とした課題→道徳の時間の指導→発展

3．福祉，ボランティア活動→道徳の時間→発展活動

4．文化，伝統行事などの地域活動→道徳の時間→発展活動

5．人権活動→道徳の時間（平等，公平，差別偏見）→まとめ

6．学校行事→特別活動との関連→道徳の時間→まとめと発展活動

7．言語環境での活動（図書館活動など）→道徳の時間→発展活動

8．その他，家庭や地域社会での体験活動→道徳の時間→まとめ

（参照：光村図書，道徳ホームページ）

10 価値の一般化と類型化について

1 価値の一般化とは

《参考資料・あらすじ》

　他の乗客を押しのけて母と共にバスに乗ろうとした少女が，それを母から押し止どめられ，席に座ることができない。それを不満に持つ少女と母との心理的な葛藤を通じて，やがて少女が自らの恥ずべき行為を内省していく。

(成田國英「雨のバス停留所で」『道徳4年』光村図書より)

　資料の中の少女の立場を理解し，その行為をなぞりながら，やがてそれを自分の心の問題に引き寄せていく。特定の資料の中の話ではなく，自分の問題として規範の意識を自覚する。これが「価値の一般化」と言われるものです。道徳指導の基本的考え方です。

　つまり他人の経験を追体験しながら，そこに内蔵されている道徳的価値に気づき，それを自分たちの問題として広く考えていきます。道徳の指導では主に指導過程の後段で中心資料などによる話し合いなどで取り扱われるのが一般的です。

| 授業の前提 | ・子どもの日常生活における規則や規範意識について，実際の対応の状態は価値の類型化による調査など実施 | 導入部分 |

＝
資料の内容の吟味

| 葛藤・対立 | 他人のことを考えなければ…　母さんが止めたから座れなかった！ | 資料の追究（展開） |

| 内省化 | 規則や規範を守るということはなぜ大事か | 授業のまとめ |

＝
みんなで話し合う
＝
価値の一般化
＝
判断力の育成とともに態度化を図る

2 価値に対して類型化を図るとは

　授業の前の状態で，児童・生徒がそのねらいとする道徳性について，どのように把握しているのか，その実態を知ることは，授業を通じて価値の一般化を図るためにも，ぜひとも知っておきたいことです。それによって発問の方法や問いの内容そのものも違ってくる場合が多いのです。

　前例で言えば，「規則の尊重」という道徳的価値についても，多面な角度からその価値についての，児童・生徒の感じ方，考え方などを検証し，その道徳的価値を整理，分類し，指導に役立たせることが大切です。その場合，一般的によく用いられる類型化には，3つの方法があります。

① 正しい価値と反価値を対比させる対置法

　例えば正義に対する不正。

② 道徳性の違いによる分類

　例えば，他律と自律，意志の強さや自己本位の程度，判断の違いや行動の違い，情緒の深さなどによる，道徳性の違いの分け方など。

③ 関連しながらも異なる価値観との分析

　◇よく用いる方法に「価値観の4類型」があります。

　例えば前記の資料で言えば，

　1．いつも正しく規則やきまりを守れる。

　2．一応，きまりは守れるが，ときには十分ではない。

　3．きまりやルールは理解できるが，守ることはできない。

　4．全く規則やルールついては守れない。

　こうした価値の類型化の方法は，あくまで児童・生徒の道徳的価値の自覚を高めるため，事前のねらいと資料との関連などで，具体的に指導案の作成や指導過程を検証していく上で活用されるべきものです。単に断定的に価値観を押し付けたり，固定化するものではなく，指導していくための柔軟な活用方法であると考えてほしいものです。

（参考：押谷由夫・宮川八岐編『道徳・特別活動重要用語300の基礎知識』明治図書）

11 生活指導と道徳指導の違いと関連について

1 生活指導と生徒指導は同類上にある

　生活指導とは児童・生徒の日常のしつけに関する指導から，生活全般における「ものの考え方，感じ方，行動の仕方」を育てる指導であると多義にわたって考えられてきました。戦後，特に綴り方教育などを中心に幅広く現場教師によって支えられてきた教育方法でした。

　しかし，現在では生活指導と生徒指導は，同次元で議論されるのが一般的になっています。

昭和40（1965）年，当時の文部省によって「生徒指導の手引き」が刊行され，以後，ここに書かれた趣旨によって生徒指導は幅広く生活指導と同じ考えのもとに指導されるようになったのです。

---

2 「生徒指導の手引き」による指導の考え方

① 生徒指導は一人ひとりの生徒の人格を尊重して，その個性の伸長を図り，社会的な資質や行動を高めるものである。
② 生徒指導はすべての生徒を対象として，個別的で発展的な教育を基礎とする。
③ 具体的には生徒の日常の生活に則して，実践的，統合的な指導をする。

◇**内容的には**，日常の望ましい生活習慣を育てる，いわゆるしつけに類する指導や，ガイダンスと言われる学習や進路の指導・相談などを通

じての適応指導，また精神衛生や保健指導，そして集団づくりを目的とした教科外，特別活動の分野への指導など多義にわたって，望ましい生活態度を育てる指導になっています。

3　道徳指導との違いと関連について

　生徒指導が主に「望ましい生活行動様式」に指導の重点を置くのに対して，道徳指導はその行動の基盤にある道徳性の育成に直接働きかける指導です。

　生徒指導が直接生徒に対して「より望ましい生活の仕方，態度」の育成に主眼を置くのに対して，道徳指導はさらに「人間としての心のあり方，つまり道徳的な判断力や心情化，態度化」を図る指導に徹します。そのため道徳の時間では全教科，領域などで触れている道徳教育をさらに各種の資料などを使い，重点的に価値にしぼって焦点化して，深化，統合，補充し，価値の一般化を図っていきます。

　もちろん，道徳指導も究極のねらいは実践的な道徳的人間力の育成です。そのため生活（生徒）指導と道徳指導は，学校教育の場では，児童・生徒の心の育成にとって両輪の役割を果たしています。最近は，生徒指導面の強化がより道徳指導の成果を高めると言われ，その関連が注目されています。

〈生徒指導〉
・校則をどう守るのか（例）

具体的な場面や機会を捉えて対応の仕方や態度を育てる

実践化

挨拶　　上履・下履　　制服　　髪型

どうなってんだ！

規則（校則）を守ることってなぜ大切なんだ？

内省化
・全教科，領域，生活全般を捉え想起する

深化　　統合　　補充

・規則の尊重，公徳心
・愛校心について考える

＜道徳授業＞
資料を使ってねらいに迫る

道徳的価値の理解
実践的態度化

12 体験学習と道徳指導の関連について

1 体験を生かすなどの学習指導

児童は，日常の生活や学校の全教育活動において様々な体験をしている。その中で色々な道徳的価値に触れ，感じ，考え，心を動かしている。その心の動きと道徳の時間の指導とが響き合うようにしていくことが大切である。

（『小学校学習指導要領解説道徳編平成11年度版』第4節―1―(2)より抜粋）

2 体験学習には4つの類型がある

① 自 然 体 験→自然との出会いを通じて，自然のもつ偉大さ神秘性，畏敬の念などの感動を体験させるものです。

② 集 団 体 験→人々の触れ合いの中で，仲間意識や共同の大切さを学び，思いやり，友情などの人間関係の資質を身につけさせていく学習です。

③ 文化的体験→社会的な伝統文化や観劇，鑑賞などの芸術文化に触れ，感動の体験とともに郷土，国土への愛，また国際的な人間愛の心情へと高めていく学習です。

④ 自 己 体 験→自分との直接の出会い体験。例えば困難な仕事をやり抜いたときの自己の力の発見などにつながっていきます。自己発見とも言えます。

3 体験学習は「出会い」の学習である

① 直接体験を累積し充実していく学習

体験を次々に積み重ねていく，そうした直接体験の拡大を図っていきます。特別活動などの指導との関連も強く，今回の指導要領でも重視された宿泊などを伴う体験学習なども入ります。

この場合，感性的な直接の体験を心情化，イメージ化していき，意識化して言語領域まで高めたとき，それを経験と言います。

② 間接体験の充実を図る学習

感性的，心情的体験の拡大を通じ，内的経験の累積を図ります。例えば読書や映画，演劇などの芸術的体験を追体験することで，直接体験ではなく，内的な体験を蓄積，これを通して経験の幅を広げていく方法です。

4 道徳指導との関連

冒頭にあげた指導要領解説の抜粋通り，道徳指導は個々の子どもの経験を基盤として価値に迫ります。つまり「直接体験」「間接体験」これを合わせた「新たな自己体験・経験」を基盤に，資料の世界にイメージを働きかけ，ねらいに則した道徳的価値に迫らせ，価値の一般化を図ります。

日常での直接・間接の体験学習の累積が道徳授業の成果に果たす役割は大きいと言えます。

体験学習と道徳指導の関連

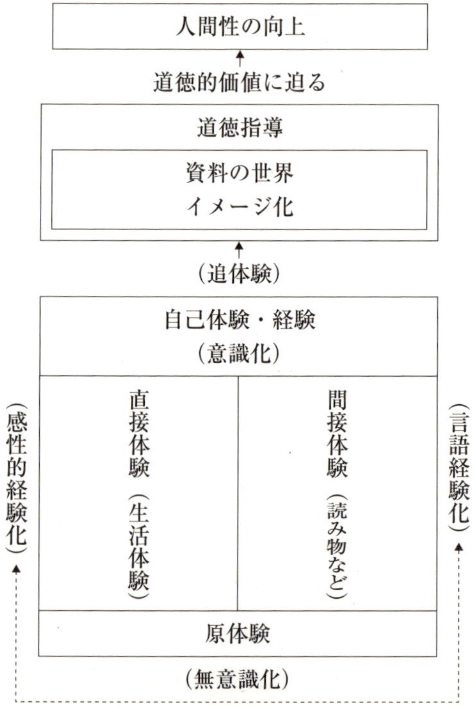

人間性の向上

道徳的価値に迫る ↑

道徳指導
資料の世界 イメージ化

（追体験）↑

自己体験・経験 （意識化）	
直接体験 （生活体験）	間接体験 （読み物など）

原体験
（無意識化）

（感性的経験化）↑　　　（言語経験化）↑

●出会い体験・表現活動の指導プログラム（一例）●

《ねらい》出会いと表現のプログラムを，適時，継続的に実施することで，児童・生徒の自己解放（自己開示），他者理解，信頼体験，感受性訓練を行い，それらを基盤として，さらに豊かな人間関係を開発，促進する。

◆ムーブメントの導入

「自分の理解」…自分の身体をコントロールする力をつける。

（例）　歩く…皆で同じスピードで歩く→直線，直角（角を的確に）。他人との衝突を避ける。「パン，ストップ，パン，歩く（繰り返し），……，駆ける，ゆっくり」など。自分にとってよい空間を，瞬時に身体で理解し，行動できるようにする。

（例）　2人で触れ合う…2人でペアを組んで触れ合う。頭，肩，腰，股，膝小僧，つま先，お尻，手の甲，肘など，次々に新しい箇所を見つけて実施。

☆ボディーコントロールを楽しむ。すべてのエクササイズ（活動）が終わったら，必ずシェアリング（振り返り）を実施。自己体験を内観させる。

◆他者理解と信頼関係の醸成

（例）　ブラインド・ウォーク…2人1組で一人は目を閉じ，他の一人が目となって誘導して歩く。言葉は発しないでボディーへの発信サインで行動する。集中力と信頼感を育てる。

◆他人と私，感覚の集中によるリレーション

（例）　見えないボールを支え合う…向き合ってイメージだけでボールを運び合う（見えないものを見る想像力によるつなぎの心の育成）。

（例）　2人でピンポン…身体表現でピンポン試合（無対象行為）。

◆自己開示と他者理解（感覚の共有）

（例）　私を語る…テーマを決め，複数の相手に語る。懸命に聞く関係を築く。

（例）　共同画の中でつなぎの心を…4人1組のペアで，模造紙にそれぞれ自由な絵を描き，無言の中でそれを逐次構成画に仕上げていく。

第2章

指導計画などについて

13 道徳教育の全体計画は どのようにして作るのですか

1 プランの作成には，学校の置かれている独自の事情や，背景を十分反映して作る

・児童・生徒の実態。

・地域の実態と保護者や地域住民の願い。

・学校の教育目標と具体的な教育活動，を盛り込みます。

◎道徳教育の重点目標を設定し，それを各学年の指導に，どのように生かすのか，ポイントを明確にします。

・道徳の時間に示された指導内容は，年間を通じて漏れなく指導しなくてはなりませんが，中でも学年として特にどこに重点を置くのか，明確に示す必要があります。

・そのためには，道徳の時間での指導方法の着目点や方法についても明記します。

2 「道徳的環境が人を育てる」計画的な環境構成を計画に

児童・生徒の日常の学校生活の居場所として，学級経営を中心に学校全体の環境整備のポイントや文化的風土づくりなどについて着目します。

・生命の尊重を主眼とする環境づくりと動植物の愛護や自然環境。

3 各教科，特別活動，特に総合的な時間及び生徒指導と「学年での道徳教育」との関連について，重点的指導のポイントを示す

4 家庭，地域などとの連携の方針や，学校や地域を含めた特色ある教育活動のプランなども十分考慮する

第2章　指導計画などについて

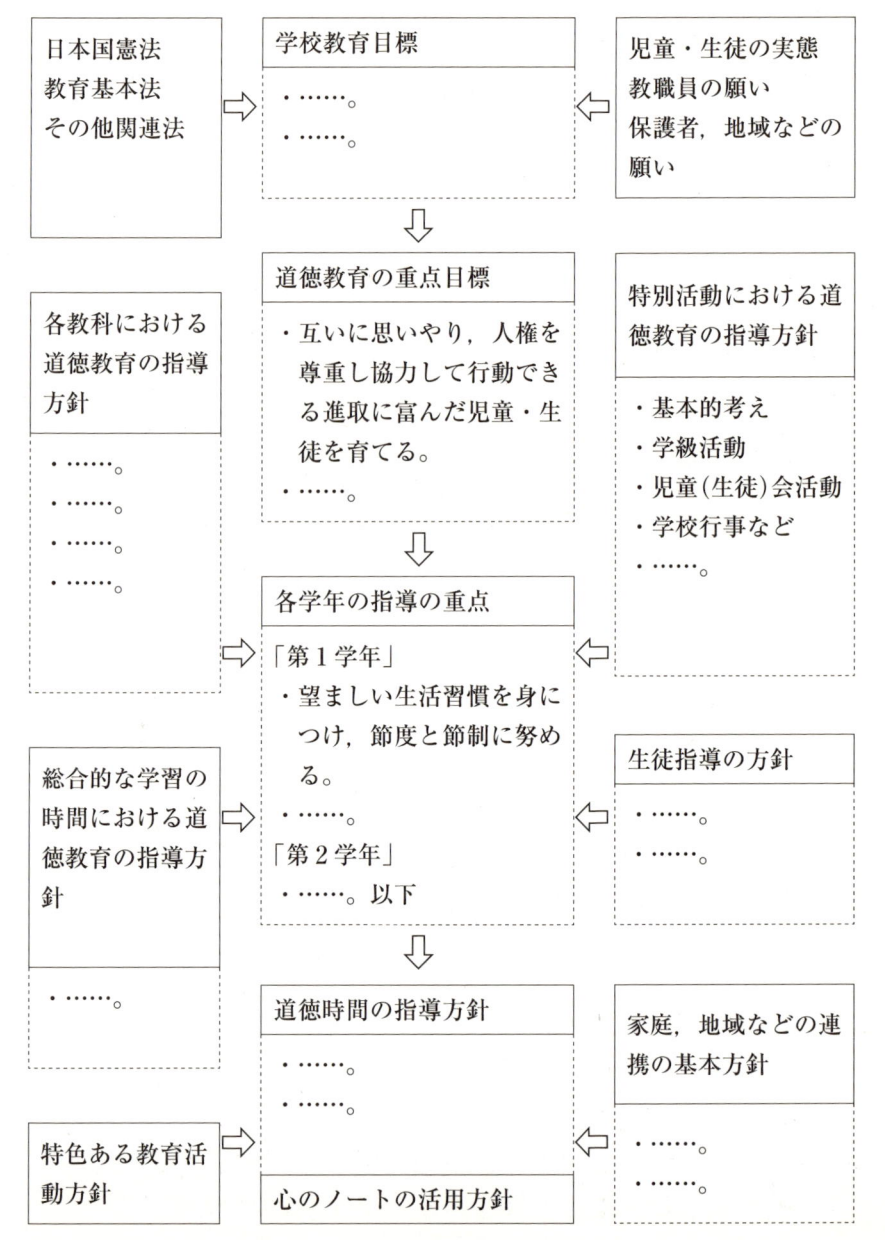

道徳教育の全体計画例

（人権を尊び，個性的で健康，思いやりのある心を育てるために）

日本国憲法
教育基本法
その他関連法
⇒

学校教育目標
・……。
・……。

⇐
児童・生徒の実態
教職員の願い
保護者，地域などの願い

⇩

道徳教育の重点目標
・互いに思いやり，人権を尊重し協力して行動できる進取に富んだ児童・生徒を育てる。
・……。

特別活動における道徳教育の指導方針
・基本的考え
・学級活動
・児童(生徒)会活動
・学校行事など
・……。

各教科における道徳教育の指導方針
・……。
・……。
・……。
・……。
⇒

⇩

各学年の指導の重点
「第1学年」
・望ましい生活習慣を身につけ，節度と節制に努める。
・……。
「第2学年」
・……。以下
⇐

総合的な学習の時間における道徳教育の指導方針
・……。
⇒

生徒指導の方針
・……。
・……。
⇐

⇩

道徳時間の指導方針
・……。
・……。

家庭，地域などの連携の基本方針
・……。
・……。
⇐

特色ある教育活動方針
⇒

心のノートの活用方針

35

14 道徳の時間の内容の取り扱い方について

1 内容の捉え方

　道徳の時間の内容については，学習指導要領の第3章第2で道徳の時間を要として，学校の教育活動全体を通じて行うことを前提に，道徳の時間では，特に次の視点に立った内容項目が明確に示されています。

2 内容構成の捉え方

① 4つの視点

　目標に掲げた道徳教育のねらいを達成するために「第1学年及び第2学年」「第3学年及び第4学年」「第5学年及び第6学年」「中学校」に分けて，4つの視点で指導の内容を示しています。

1．主として自分自身に関すること。
2．主として他の人とのかかわりに関すること。
3．主として自然や崇高なものとのかかわりに関すること。
4．主として集団や社会とのかかわりに関すること。

⇩

指導する道徳内容は，これら4つの視点から捉え，分類，整理して，内容全体を構成して，相互の関連性や発達性などを明確にして提示しています。

⇩

1の視点	自分自身のあり方を捉え，望ましい自己を形成するためには，どのように自分にかかわったらいいかに関するものです。

2の視点	自分を他の人とのかかわりの中で捉え，望ましい人間関係をどのように育成するかに関するものです。
3の視点	自分を自然や崇高なもの，美しいものとのかかわりの中で捉え，人間としての自覚を深める，そのことに関するものです。
4の視点	自分を様々な社会集団や郷土，国家，国際社会などのかかわりの中で捉え，国際社会に貢献する日本人としての自覚に立ち，平和的で文化的な社会及び国家の成員として必要な道徳的資質の育成を図ることに関するものです。

② **道徳内容の学年項目数**
・「第1学年及び第2学年」　16項目
・「第3学年及び第4学年」　18項目
・「第5学年及び第6学年」　22項目
・「中学校」　24項目

小学校は内容項目の発展性と系統性を踏まえ，

中学校は生徒の発達の段階を全体にわたって理解します

計画作成や指導には重点的な扱いを工夫

関連性と発展性を考慮

3　内容の取り扱い方

　内容項目は，相互の関連性や発展性に考慮して，指導計画の作成や，直接の指導に際しても，重点的な扱いを工夫し，その効果を高めるように配慮します。

・それぞれの内容項目の関連を考え，指導の順序を工夫したり内容の一部を相互に関連付けたりして，対象とする児童・生徒の実態に応じて指導します。
・また小学校の6年間，そして中学校を見通した発展性を考慮して，学年段階での重点指導など，長期的な視野で指導します。
・各学校の重点的指導を反映して，道徳時間の内容を工夫します。

15 道徳の時間の指導内容一覧について（小学校・低学年編）

1 内容構成・4つの視点

1．主として自分自身に関すること。
2．主として他の人とのかかわりに関すること。
3．主として自然や崇高なものとのかかわりに関すること。
4．主として集団や社会とのかかわりに関すること。

2 内容項目（ねらい）一覧

1-(1)	望ましい生活態度 （節度・節制）	健康や安全に気を付け，物や金銭を大切にし，身の回りを整え，わがままをしないで，規則正しい生活をする。
1-(2)	勤勉・努力	自分がやらなければならない勉強や仕事は，しっかりと行う。
1-(3)	善悪の判断・勇気	よいことと悪いことの区別をし，よいと思うことを進んで行う。
1-(4)	正直・明朗 （誠実・明朗）	うそをついたりごまかしをしたりしないで，素直に伸び伸びと生活する。
2-(1)	礼儀	気持ちのよいあいさつ，言葉遣い，動作などに心掛けて，明るく接する。
2-(2)	温かい心・親切 （思いやり・親切）	幼い人や高齢者など身近にいる人に温かい心で接し，親切にする。
2-(3)	友情・助け合い （友情・信頼）	友達と仲よくし，助け合う。

第2章　指導計画などについて

2 –(4)	感謝	日ごろ世話になっている人々に感謝する。
3 –(1)	生命尊重	生きることを喜び，生命を大切にする心をもつ。
3 –(2)	自然愛 動植物愛護	身近な自然に親しみ，動植物に優しい心で接する。
3 –(3)	敬虔	美しいものに触れ，すがすがしい心をもつ。
4 –(1)	規則の尊重 公徳心	約束やきまりを守り，みんなが使う物を大切にする。
4 –(2)	勤労・奉仕	働くことのよさを感じて，みんなのために働く。
4 –(3)	家族愛 役に立つ喜び	父母，祖父母を敬愛し，進んで家の手伝いなどをして，家族の役に立つ喜びを知る。
4 –(4)	愛校心 楽しい学校生活	先生を敬愛し，学校の人々に親しんで，学級や学校の生活を楽しくする。
4 –(5)	郷土への愛着 （郷土愛）	郷土の文化や生活に親しみ，愛着をもつ。

3　重点指導

《各学年共通》　・自立心や自律性を育てる。

　　　　　　　・自他の生命を尊重する心を育てる。

《低学年》　　・あいさつなどの基本的な生活習慣を身につける。

　　　　　　　・社会上のきまりを身につける。

　　　　　　　・善悪を判断し，人間として，してはならないことをしない。

16 道徳の時間の指導内容一覧について （小学校・中学年編）

1 内容構成・4つの視点は各学年共通（項目・15参照）

2 内容項目（ねらい）一覧

1−(1)	自立・思慮・節度ある生活 （節度・節制・自律）	自分でできることは自分でやり，よく考えて行動し，節度ある生活をする。
1−(2)	努力・忍耐 （勤勉・努力）	自分でやろうと決めたことは，粘り強くやり遂げる。
1−(3)	善悪の判断・勇気 （勇気）	正しいと判断したことは，勇気をもって行う。
1−(4)	反省・正直・明朗 （誠実・明朗）	過ちは素直に改め，正直に明るい心で元気よく生活する。
1−(5)	個性伸長	自分の特徴に気付き，よい所を伸ばす。
2−(1)	礼儀	礼儀の大切さを知り，だれに対しても真心をもって接する。
2−(2)	温かい心・親切 （思いやり・親切）	相手のことを思いやり，進んで親切にする。
2−(3)	友情・信頼・助け合い （友情・信頼）	友達と互いに理解し，信頼し，助け合う。
2−(4)	尊敬・感謝	生活を支えている人々や高齢者に尊敬と感謝の気持ちをもって接する。
3−(1)	生命尊重	生命の尊さを感じ取り，生命あるものを大切にする。

第2章　指導計画などについて

3 –(2)	自然愛 動植物愛護	自然のすばらしさや不思議さに感動し，自然や動植物を大切にする。
3 –(3)	敬虔	美しいものや気高いものに感動する心をもつ。
4 –(1)	規則の尊重 公徳心	約束や社会のきまりを守り，公徳心をもつ。
4 –(2)	勤労・奉仕 （勤労）	働くことの大切さを知り，進んでみんなのために働く。
4 –(3)	家族愛 楽しい家庭 （家族愛）	父母，祖父母を敬愛し，家族みんなで協力し合って楽しい家庭をつくる。
4 –(4)	愛校心 楽しい学級を作る （愛校心）	先生や学校の人々を敬愛し，みんなで協力し合って楽しい学級をつくる。
4 –(5)	郷土愛	郷土の伝統と文化を大切にし，郷土を愛する心をもつ。
4 –(6)	愛国心，国際理解	我が国の伝統と文化に親しみ，国を愛する心をもつとともに，外国の人々や文化に関心をもつ。

3　重点指導

《各学年共通》　・自立心や自律性を育てる。

　　　　　　　　・自他の生命を尊重する心を育てる。

《中学年》　　　・集団や社会のきまりを守る。

　　　　　　　　・身近な人々と協力し，助け合う態度を身につける。

17 道徳の時間の指導内容一覧について （小学校・高学年編）

1 内容構成・4つの視点は各学年共通（項目・15参照）

2 内容項目（ねらい）一覧

1-(1)	生活習慣の見直し・節度・節制・思慮反省	生活習慣の大切さを知り，自分の生活を見直し，節度を守り節制に心掛ける。
1-(2)	希望・勇気不撓不屈	より高い目標を立て，希望と勇気をもってくじけないで努力する。
1-(3)	自由・自律・責任（自由・規律）	自由を大切にし，自律的で責任のある行動をする。
1-(4)	誠実・明朗	誠実に，明るい心で楽しく生活する。
1-(5)	真理・進取・創意	真理を大切にし，進んで新しいものを求め，工夫して生活をよりよくする。
1-(6)	個性伸長	自分の特徴を知って，悪い所を改めよい所を積極的に伸ばす。
2-(1)	礼儀	時と場をわきまえて，礼儀正しく真心をもって接する。
2-(2)	思いやり・親切	だれに対しても思いやりの心をもち，相手の立場に立って親切にする。
2-(3)	友情・信頼・男女の協力	互いに信頼し，学び合って友情を深め，男女仲よく協力し助け合う。
2-(4)	謙虚・広い心（寛容・謙虚）	謙虚な心をもち，広い心で自分と異なる意見や立場を大切にする。

第2章　指導計画などについて

2－(5)	感謝・報恩 （尊敬・感謝・報恩）	日々の生活が人々の支え合いや助け合いで成り立っていることに感謝し，それにこたえる。
3－(1)	生命尊重	生命がかけがえのないものであることを知り，自他の生命を尊重する。
3－(2)	自然愛・環境保全	自然の偉大さを知り，自然環境を大切にする。
3－(3)	敬虔・畏敬の念 （敬虔）	美しいものに感動する心や人間の力を超えたものに対する畏敬の念をもつ。
4－(1)	公徳心・遵法 権利義務	公徳心をもって法や決まりを守り，自他の権利を大切にし進んで義務を果たす。
4－(2)	公正・公平・正義	だれに対しても差別することや偏見をもつことなく公正，公平にし，正義の実現に努める。
4－(3)	役割の自覚と責任	身近な集団に進んで参加し，自分の役割を自覚し，協力して主体的に責任を果たす。
4－(4)	勤労・社会奉仕	働くことの意義を理解し，社会に奉仕する喜びを知って公共のために役に立つことをする。
4－(5)	家族愛・家族の幸せ （家族愛）	父母，祖父母を敬愛し，家族の幸せを求めて，進んで役に立つことをする。
4－(6)	愛校心・よりよい校風	先生や学校の人々への敬愛を深め，みんなで協力し合いよりよい校風をつくる。
4－(7)	郷土愛・愛国心	郷土や我が国の伝統と文化を大切にし，先人の努力を知り郷土や国を愛する心をもつ。
4－(8)	国際理解・親善	外国の人々や文化を大切にする心をもち，日本人としての自覚をもって世界の人々と親善に努める。

3　高学年の指導上押さえる重点項目

６年間を見通した発展性を十分配慮した計画を立てる必要があります。このためには，各学年の段階で，特に重点化された内容項目を適切に設定し，指導することが求められています。

⇩

《各学年を通じて共通している重点項目》

・自立心や自律性を育てる。

・自他の生命を尊重する心を育てる。

⇩

《高学年としての特に重点とする内容項目》

・法やきまりの意義を理解する。

・相手の立場を理解し，支え合う態度を身につける。

・集団における役割と責任を果たす。

・国家・社会の一員としての自覚をもつ。

・悩みや葛藤などの心の揺れ，人間関係の理解などの課題を積極的に取り上げる。

・自己の生き方についての考えを一層深める。

第2章　指導計画などについて

◇道徳の時間の指導の基本方針

道徳の時間の特質を
理解してください。
・ねらいを通じて
　自己の生き方を
　求める

教材や指導方法の
工夫に力を注ぎたい！

児童・生徒が自己へ
の問い掛けを深め，
未来に夢や希望が
もてるようにして
ください

信頼関係や
温かい人間関係
の基盤に眼を
向けてください
・一人ひとり
　を大切に
　する眼を！

児童・生徒が
それぞれ個に
応じ伸びる。
その指導に
工夫を凝らし
てください

45

18 道徳の時間の指導内容一覧について（中学校）

1 内容構成・4つの視点は小学校と共通（項目・15参照）

2 内容項目（ねらい）一覧

1-(1)	望ましい生活習慣・節度・節制（基本的生活習慣）	望ましい生活習慣を身に付け，心身の健康の増進を図り，節度を守り節制に心掛け調和のある生活をする。
1-(2)	希望・勇気・強い意志（強い意志）	より高い目標を目指し，希望と勇気をもって着実にやり抜く強い意志をもつ。
1-(3)	自律・自主・誠実・責任（自主・責任）	自律の精神を重んじ，自主的に考え，誠実に実行してその結果に責任をもつ。
1-(4)	真理愛・真実の追求・理想の実現	真理を愛し，真実を求め，理想の実現を目指して自己の人生を切り拓いていく。
1-(5)	向上心・個性の伸長（反省・個性の伸長）	自己を見つめ，自己の向上を図るとともに個性を伸ばして充実した生き方を追求する。
2-(1)	礼儀	礼儀の意義を理解し，時と場に応じた適切な言動をとる。
2-(2)	人間愛・思いやりの心	温かい人間愛の精神を深め，他の人々に対して思いやりの心をもつ。
2-(3)	友情・信頼	友情の尊さを理解して心から信頼できる友達をもち，互いに励まし合い，高め合う。
2-(4)	男女の理解・尊重	男女は，互いに異性についての正しい理解を深め，相手の人格を尊重する。

第2章 指導計画などについて

2 −(5)	寛容・謙虚 （謙虚・広い心）	それぞれの個性や立場を尊重し，いろいろなものの見方や考え方があることを理解して，寛容の心をもち謙虚に他に学ぶ。
2 −(6)	感謝・報恩	多くの人々の善意や支えにより，日々の生活や現在の自分があることに感謝し，それにこたえる。
3 −(1)	生命尊重	生命の尊さを理解し，かけがえのない自他の生命を尊重する。
3 −(2)	自然愛・畏敬の念	自然を愛護し，美しいものに感動する豊かな心をもち，人間の力を超えたものに対する畏敬の念を深める。
3 −(3)	人間の強さと気高さ・生きる喜び （崇高な精神）	人間には弱さや醜さを克服する強さや気高さがあることを信じて，人間として生きる喜びを見いだすように努める。
4 −(1)	遵法の精神・権利義務・規律・秩序	法や決まりの意義を理解し，遵守するとともに，自他の権利を重んじ義務を果たして，社会の秩序と規律を高めるように努める。
4 −(2)	公徳心・社会連帯 （よりよい社会の実現）	公徳心及び社会連帯の自覚を高め，よりよい社会の実現に努める。
4 −(3)	正義・公正・公平	正義を重んじ，だれに対しても公正，公平にし，差別や偏見のない社会の実現に努める。
4 −(4)	役割と責任の自覚集団生活の向上	自己が属する様々な集団の意義についての理解を深め，役割と責任を自覚し集団生活の向上に努める。
4 −(5)	勤労・社会奉仕	勤労の尊さや意義を理解し，奉仕の精神をもって，公共の福祉と社会の発展に努める。

4－(6)	家族愛 充実した家庭生活	父母，祖父母に敬愛の念を深め，家族の一員としての自覚をもって充実した家庭生活を築く。
4－(7)	愛校心 よりよい校風の樹立	学級や学校の一員としての自覚をもち，教師や学校の人々に敬愛の念を深め，協力してよりよい校風を樹立する。
4－(8)	郷土愛・先人への尊敬・感謝・郷土の発展	地域社会の一員としての自覚をもって郷土を愛し，社会に尽くした先人や高齢者に尊敬と感謝の念を深め，郷土の発展に努める。
4－(9)	愛国心・伝統の継承・文化の創造	日本人としての自覚をもって国を愛し，国の発展に努めるとともに，優れた伝統の継承と新しい文化の創造に貢献する。
4－(10)	日本人としての自覚・人類愛	世界の中の日本人としての自覚をもち，国際的視野に立って，世界の平和と人類の幸福に貢献する。

3　中学校を通じて特に重点指導として配慮する内容項目

・自他の生命の尊重（小学校から全学年共通）。

・規律ある生活ができる（小学校は，自立心や自律性の育成）。

・自分の将来を考える（キャリア教育の重視）。

・法やきまりの意義の理解と主体的に社会の形成に参加する態度育成。

・国際社会に生きる日本人としての自覚を身につける。

第2章　指導計画などについて

●人間の心理と行動のパターン●

人は環境に適応して生きています。しかし，精神的にこの環境（社会的習慣や規範など）に合致しない場合，欲求不満のメカニズムが働き，様々の行動パターンを生み出します。道徳の指導でもこうした人間行動の心理的背景を十分知って，個々の児童・生徒の指導が求められます。

①　**代償（補償）**　不満を外の方面での満足で代償するもの。家庭で厳しく育てられた子が，学校ではわがままにふるまうなどの例。

②　**抑圧**　欲求不満，葛藤が意識の背景に，緊張として残っている。そのため不安，無気力を増悪させ，他人への攻撃的傾向などが増幅する。

③　**昇華**　抑制，抑圧された欲求のはけ口を，文化芸術，スポーツなど，文化的水準のもとへ転化していくこと。

④　**合理化**　行為の真の動機を，もっともらしい理屈によって隠蔽しようとする傾向。失敗を他に転嫁したり，自己弁護したりする。

⑤　**置き換え**　父親や母親に対する反抗的態度が，成人後も目上の人に対して持ち続けられるように，ある対象に向けた感情や意味付けを他に置き換えて，不満による緊張を解消しようとするもの。

⑥　**投影**　自分の持っている欲求感情，または弱点を，他人の内に発見する。他人に対する批判的傾向が，実は自己の弱点の投影であるなど。

⑦　**空想（白日夢）**　現実との接触を避け，空想の世界で自己満足する。

⑧　**退行**　幼児期の行動や思考形態を再現する。一種の逃避行動。

⑨　**摂取**　自分以外の人，また集団が自分に期待した態度を，自分の態度としてそれに一致した行動をとること（関連・ピグマリオン効果）。教師に期待され手厚く指導されれば，本人の自覚との余剰作用により伸びることを実証付けた（1964年のボストン・ハーバード大学の実験）。

⑩　**退避**　適応困難な環境との接触を避け，孤立しようとする。ひねくれたり，他人に対して拒絶的態度を示すなどの傾向も退避の内に含む。

19 道徳の授業の構造化について

1 「道徳の授業」の構造図

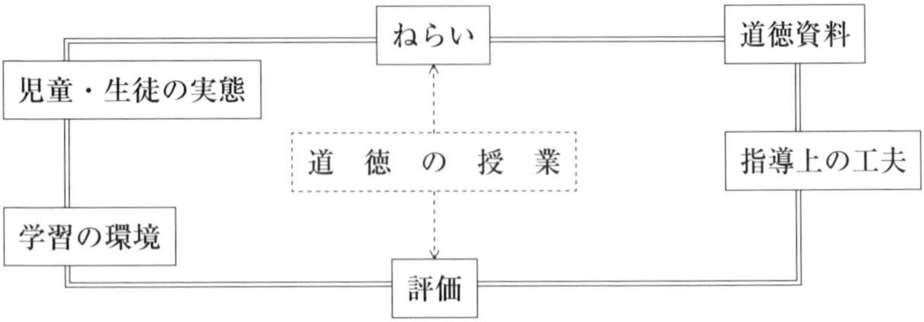

```
        ねらい              道徳資料
   児童・生徒の実態
          道 徳 の 授 業      指導上の工夫
   学習の環境
        評価
```

2 児童・生徒の実態を把握し，学習環境の整備をまず行う

「子どもの実態」

・家庭や地域を通じて養われてきた子どもの生活上の道徳的価値観や意識について，調査や観察などの手立てを通じて実態を把握します。

「学習環境の整備」

・児童・生徒の心が育つ学校や学級の環境，特に人間関係や，一人ひとりの心のありようを，授業や学級経営上の立場（学級づくりの諸場面）を通じて把握し，さらによりよい学習環境や人間関係の諸活動を整えていきます。

3 ねらいを設定し，資料を選定，分析の徹底化を図る

「ねらいの設定」

・道徳内容（学習指導要領・道徳で示されたもの）に則して，各学年とも年間を通じて，意図的，計画的に，どのように指導するか，本時で深めたい道徳的価値について，具体的に設定します。

第2章　指導計画などについて

「資料の設定と分析」

・資料はそのねらいを具体的に学ぶ大切な役割をもっています。選定に際しては，十分，ねらいに則して資料の内容の分析を行い，ねらいとする道徳的価値を深める手順について，発問などを基に検証し，構成します。

4　指導上の工夫について，導入，展開，終末の各段階を通じて具体的に検証し，指導の設計案をつくる

《導入》

導入は学習意欲を促進し，授業でのねらいとする道徳的価値の自覚に向けての動機付けを図る，大切な学習への入り口です。

・事前の調査やアンケートなどの資料を提示する。
・ねらいに関係する報道資料や，子どもの作文，詩，その他の作品などを活用する。
・ねらいに関係する写真や絵画など視覚的掲示資料などを提示する。
・ねらいに関する CD や DVD，テープ類など感性に訴える工夫をする。
・実物の提示，体験などを取り入れる（行事や総合学習と関連）。
・自分の経験した生活上の問題を想起させ発表する。
・その他。

《展開》

展開は学習者が授業で意図する道徳的価値について，自覚を深め，意識化するための指導の中心となる指導段階です。

「資料の提示の工夫」

・資料の内容の理解が容易になるような，読み砕きの工夫をします。範読，朗読，黙読，いずれの読みにおいても，理解しやすい工夫をします。そのために掲示資料，挿絵，スライド，VTR，DVD など，多様な提示の仕方を工夫します。

51

「発問の工夫」

・授業でのねらいとする道徳的価値に気づき，やがて内面化が図れる
ような発問を工夫します。特に「よい結果」だけを求める発問では
なく，道徳的価値を求めていく過程の心の変化やあり方に重点を置
く発問を工夫します。

・学習者が自らを振り返り内省ができるような，きっかけをつかむ発
問を工夫します。

「話し合いの工夫」

・話し合いの形態をまず考えます。グループ討議やペアによる話し合
いなどを考慮します。

・自らの考え方を発表するとともに，相手の発言を受け止め合う，そ
うした受容的土壌を作る話し合いのルールづくりなども十分考えま
す。

《終末》

本時の学習で体得した道徳的価値を，さらに内面的に確認し合うとと
もに，自分を振り返り，その心の成長を実感する段階でもあります。

特に，将来にわたっての生き方への意欲と希望をもてるような態度化
を図ります。

「終末の工夫」

・補助的な資料なども用意して，子どもの考え方を整理させます。

・教師の説話など，短い効果的な話でしめくくる場合もあります。

・ワークシートに書き込んだり，道徳ノートなどに感想を書き込ませ，
記録の累積を図ったり，発表などします。（将来的に自分の成長を
自覚，確認する方法も考慮します。）

・教科などとの関連で，さらに今後の発展を期待させます。

《その他の指導の工夫》

・動作化や役割演技などを導入して，表現意欲を喚起しながら道徳的
価値に気づかせる工夫も図ります。

第2章　指導計画などについて

・朗読劇などを用いて，内容の理解に役立たせる工夫をします。
・視聴覚機器を大いに利用して，興味，関心を盛り上げます。特にビデオや放送番組との関連を考慮して，感性的理解を足掛かりに論理的な理解に導くなどの工夫も多様に取り入れます。
・学級・学年行事や総合学習などの，他の体験学習との関連で，経験を通じての道徳的価値の学習も取り入れます。
・板書や掲示資料を工夫して，理解しやすい学習環境を工夫します。
・ゲスト・ティーチャー，その他，複数の指導者の協力的体制を作り，授業に厚みを増す工夫をします。

《家庭，地域との連携》

・道徳授業の積極的な公開に努め，保護者との公開講座の実施などにも努めます。
・道徳通信など，道徳教育の情報公開にも努め，広く保護者や地域の人たちの理解を得る努力をしながら，開かれた道徳教育の充実を図ります。

5　評価をする

　研究公開授業を通じて，授業の客観的な評価を取り入れ，授業の改善に役立てます。特に教師集団や保護者との意見の交換と授業分析などを積極的に取り入れ検証します。

「主な観点」

・本時の指導を展開する上で，指導計画や指導方法は適切であったか。
・授業の展開に沿って，子どものねらいに対する共感的な理解は得られたか。
・ねらいに対しての子どもの反応はどうだったか。
・ねらいに対して資料の内容は適切であったか。
・発問は適切であったか。
◆特に資料に対して，改善の余地の有無をチェックします。

53

20 特別活動・学校行事と道徳指導との関連は

1 集団活動を通じて道徳指導の実践化を図る

《道徳教育の目標》
学校の教育活動全体を通じて，道徳的心情・判断力，実践意欲と態度化

⇧ ⇩

ねらいに則した資料
（道徳性を養う）

《特別活動の目標》
望ましい集団活動を通じて，心身の調和・個性の伸長を図り，集団の一員としてのよりよい生活や人間関係を築く
（自主的，実践的な態度を養う）

⇩　　　　　　　　　　　⇩

A・道徳の時間で学んだ道徳性
集団への所属感，連帯感
公共の精神，協力，相互理解
自主性と実践力
勤労，社会的奉仕の心
いたわり，忍耐など

B・特別活動での体験活動
Learning By Doing
（為すことで学ぶ）
集団宿泊的行事
自然体験（遠足など）
職場体験（ボランティア活動）

◆道徳の時間で道徳的価値に気づき，実践意欲をもつ

◆行事活動では，体験的に具体的に道徳性を体得する（実践力の育成）

「指導の機会」

| 道徳の時間で事前に指導 | → | 特別活動で実践 | → | 道徳の時間で事後に指導 |

（予想される参加の心構え，道徳的価値に気づく）　（実践，体験化）　（道徳的価値の追究）

2 指導展開への工夫

① 道徳の時間の指導→年間指導計画の中に，学校行事との絡みの中

第2章 指導計画などについて

で位置付けます。例えば，Bの集団宿泊的行事や自然体験など，集団活動に力点を置いた行事ならば，そのねらいは，Aに示したような「集団への所属感，連帯感」などの内容を想定します。

・時期は，事前に道徳の時間で取り扱う場合と，事後にその体験活動を生かして取り扱う場合とがあります。

② 特活の指導の場合→実施前に，学級会活動や学級指導の場で，集団活動への具体的な取り組み方法や約束などについて，話し合い活動を中心に進め，実践化への態度形成と具体的手立てを図ります。

3 実践の具体化（一例）

◇豊かな体験活動の実践

・自然体験の場の設定（安全対策，目的，経済的負担など参考）。

・実施方法の周知（交通機関，グループ編成，期日など考慮）。

・内容（ふれあい体験，史跡を含め文化財との出会いなど）。

・集団行動への規範。

・その他マナーの徹底。

◇宿泊集団活動の実践（主に宿泊地での内容）

・メンバーとしての参加の仕方（人間関係の作り方など）。特にリーダーシップや，メンバーの責任の分担，役割を学ぶ。

・構成的エンカウンターなどを通じて，各種のエクササイズを実施，集団構成への意識化を図るなど工夫。

・表現活動を中心に自発的表現力や人間関係の楽しさの学習。

◇勤労体験（ボランティア活動など）

・生産活動への理解と参加。生産者などとの触れ合い。

・職場訪問→職場体験，キャリア教育の機会，社会参加への意欲化。

・各種施設などへの訪問→高齢者への触れ合い。障害者への理解と触れ合い。

21 道徳指導での「情報モラル」の扱い方

1 指導要領で示された「情報モラル」の取り扱い

指導要領「第3章　道徳」の「第3　指導計画の作成と内容の取り扱い3」で，児童・生徒の発達や特性を考慮して，道徳の「内容」との関連を踏まえ指導するよう示されています。

2 指導上の留意点

① 情報に関して，自他の権利を十分理解させ，個人を尊重する

・道徳指導では，ネット上での匿名性と人間関係の尊厳，そして常に相手の立場に立つ「思いやり」への配慮の大切さを取り扱います。

② 情報の取り扱いにとっての，個人の責任と義務の大切さを扱う

・ネット社会では，発信も受信もすべてその選択は個人にあります。

・人権を柱にして，個人の責任と義務が常に伴うことを扱います。

③ 基本的なルールとしての情報の熟知

・情報機器の操作には，個人情報の保護や著作権，その他，人権を含めて，法によって定めがあること，その基本を扱います。

・学年の発達段階に応じて指導します。

④ 危険性の理解

・情報の信憑性，ネット犯罪の危険性などの事例を挙げて理解させます。

⑤ 情報のもつセキュリティの理解

・機器を取り扱う基本的な知識とともに，個人情報などの管理の問題を扱います。

《道徳指導での情報モラルの取り扱いのポイント》

第2章　指導計画などについて

　総合的には，情報機器の操作練習などを行うのではなく，人間尊重を基本として道徳的「判断力の育成」などに力点を置く指導を押さえます。

事例「うわさのメール」高学年→内容項目4−(2)公正・公平・正義

　新しく携帯電話を買ってもらったけい子が，面白半分にみゆきと相談して打ったメールがクラスメートのメールの間を駆け抜け，さらに誇張されて波紋のように広がった。その対象となったかおりはそのために深く傷つく。結局，これがもとで学校に行けなくなってしまう。どうしよう，迷うけい子に仲間は「一度送ったメールはもうもどらないよ，しかたない」と言う。かおりの気持ちを考えると，けい子はたまらない気持ちになる。どうしたらよいのか，迷うけい子だった。

「予想される発問」	「価値追求と発問の意図」
①　けい子はどんな気持ちで送信ボタンを押したのか。	（追体験の想起） ・誘われて断ることなく，興味的に行動した安易さ。 ・ケイタイの誘惑が率先してしまった気持ち。
②　自分の送信したメールが一人歩きをしていることにけい子はどんな気持ちになったか。	・おもしろい。あそびの気持ち。 （欲求充足）
③　かおりがメールがもとで心が傷つき，学校へ来られなくなったことを知り，けい子はどんな気持ちになったか。	・まさか，こんな騒ぎになるとは。 （ネットの恐ろしさ） ・かおりに申し訳がない。 （思いやり）
④　「送ったメールはもどらない」どうすればよいのか。	（思慮，反省） ・送信前にどうすればよかったか。
⑤　これからけい子はどうすべきか。	（公正・公平・正義） ・あらたな選択への決意。
⑥　このメールについて，あなたはどう考えるか。（主体的自覚）	

57

22 「心のノート」を道徳指導に どのように活用するか

1 導入での活用

「心のノート」に掲載されている挿絵，イラスト，写真などの視覚的な資料や投げかけ，呼びかけの文を活用して，指導に役立たせます。

・具体的指導に入る取り口としての活用

問題への関心を高め，道徳指導のねらいに沿って興味，関心をもたせ授業を活性化させるきっかけにします。

・道徳的価値を意識させる窓口としての活用

主題への興味関心を喚起して，ねらいへの方向付けをします。

2 展開での活用

「心のノート」に掲載されている内容は，子どもの生活や実践に密着したものが多く，この特色を生かして次の効果を得ることができます。

・かみ砕きの糸口としての活用

自己の体験や，身近で見聞きした経験を反映させながら，道徳の時間での主題に迫らせる場合，そのかみ砕きの糸口として活用します。特に，問題を共通のものとして話し合いをさせる場合に効果的です。

・ねらいを身近な自分の体験に引き付ける

「心のノート」に記載してきた自己体験を生かすことで，道徳の時間での主題のもつねらいを自分の体験に引き寄せることができます。

また，累積した自分の記録を振り返る，ポートフォリオとしての役割をもたせるような，日頃の指導の工夫が求められます。

3 終末での活用

「心のノート」に示されているメッセージや名言，詩などは，一つの

第2章　指導計画などについて

まとまりとしての主題の性格をもっています。道徳の時間の主題と重ねて指導すると，より鮮明になり，道徳の時間のねらいを強調することができます。

　例えば，「自由・規律」の学習の終わりに「心のノート」の「自由ってなんだろう」（5・6年生用）を取り上げることで，「自由」について，子どもの生活の次元に立ち戻らせて考えさせることができます。

4　道徳授業の事前と事後指導での活用

①　事前指導

・問題意識の掘り起こしに使う

　「心のノート」に直接自分の考えや思いを書き込ませ，その内容を足掛かりに問題の意識化を図ります。いわばノートを使って，ねらいに対する事前の地ならし，耕しを図るのです。

・問題意識を広げることに活用

　各ページの視覚的資料を生かして，事前に問題に対してのイメージの広がりを図り，授業で提示する中心資料への導入を図ることが可能です。

②　事後指導

　「心のノート」を活用することで，各種資料で進める道徳指導に，広がりと発展をもたせることができます。

・関連ページに授業後に書き込みをさせ，生活化への意欲付けにする
・「心のノート」の題材を実践する

　例えば「自然愛・動植物愛護」の学習後，「心のノート」の「いのちを感じよう」（3・4年生用）を読ませ，その後，学級で栽培，飼育などの実践活動をするなど，子どもの体験を広げることで，価値をより根付かせることができます。

59

●「心のノート」をよりよく活用するために●

（中学校用抜粋，平成 14 年 3 月，文部科学省）

1．「心のノート」作成の基本的考え方

　「心のノート」作成の背景からも捉えられるように，「心のノート」は次のような 4 つの基本的考え方に立ち，作成している。

◆生徒が道徳性を発展させる窓口を示したもの…「心のノート」は，生徒が自ら道徳性を発展させる窓口となる道徳の内容，すなわち学習指導要領に示された道徳の内容を，生徒にとってわかりやすく書き表している。生徒が道徳的価値について自ら考えるきっかけとなり，道徳的価値の大切さに気づき，勇気づけられ，発展させていくことができることを願って編集したものである。

◆生徒の日常生活や全教育活動を通じて用いるもの…「心のノート」は，学校や家庭での生活全体を通じて，生徒が自ら進んで使用するものである。また，全教育活動を通じ，各教科などの内容と関連させて，道徳の学習を充実させていくためのものである。

◆教科書や副読本に代わるものではないもの…各教科では教科書が用いられているが「心のノート」は教科書に代わるものではない。また道徳の時間では副読本や各種資料が用いられるが，それに代わるものでもない。「心のノート」は日常生活や全教育活動を通じて行う道徳教育の充実を図るために用いる教材として作成したものであり，生徒自身の道徳の学習の日常化を目指したものである。

◆学校での多様な教材開発を促すもの…各学校では道徳教育を一層充実させるために「心のノート」と響き合う教材を多様に開発することが大切である。特に道徳の時間においては，生徒が充実感をもち，生き生きとした学習ができるように，この「心のノート」の内容を参考にして，生徒の心に響く多様な教材を開発したり，選択したりして，効果的な教材活用に努めることが必要である。

第3章

道徳授業の活性化について

23 道徳指導案の一般的な形について

1 指導案作成の基本的な考え方

道徳指導案の作成にあたっては，事前に次の観点に沿って十分考慮することが求められます。

① 一般的には道徳の年間指導計画に沿った主題を中心に計画する。

② 対象の児童・生徒の，生活及び学習などの実態を十分に反映する。

③ 指導方法，展開過程には，教師の特性を加味し創意工夫する。

④ 学校全体の指導計画，学年・学級の指導計画を十分図る。

⑤ 家庭・地域の実態を考慮。特に家庭との連携を重視すること。

2 指導案の形式

特定された形式はありませんが，普通は次の内容を盛り込みます。

① 主題名　　② 主題設定の理由　　③ ねらい

④ 展開の大要（指導過程）　　⑤ 終末（まとめ）

⑥ 評価の観点　　⑦ その他の配慮（特に付記する場合のみ）

3 指導案の内容

① 主題名

普通は年間指導計画に記載されていて，ねらいとの関連で内容が理解できるように，資料名などで表示されます。

② 主題設定の理由

第3章 道徳授業の活性化について

なぜ，この時期に，どのような意図，理由でこの主題を取り上げるのかを記述します。その際，次の点を十分考慮します。

(1) 児童・生徒の実態　　(2) 指導の内容（ねらいと内容の関係）

(3) 資料の特質（ねらいに対して資料をどう活用するかなど）

③ 「ねらい」について

本時でどのような道徳的価値を指導するのか，明確に記述します。

④ 展開の大要（指導過程）

展開の大要は，そのねらいを達成するための指導の手順を示すものです。教師の指導観や指導方法の創意と工夫が展開される部分です。形態として，「導入」「展開」「終末」の三段階に区分され，各段階に学習活動や指導上の留意点を併記します。

⑤ 終末（まとめ）

学習者に本時の学習を振り返ってまとめさせる段階です。よく使われる方法は，「話し合ってまとめる」「感想を書く」「板書したことを確認してまとめる」「教師の説話や体験談を聞く」「補助資料でさらに深める」など，学習者の心に，ねらいを具体的にイメージさせるまとめ方が工夫されます。

⑥ 評価の観点

この評価の観点は子ども側からの道徳性の変容と，一方では教師側の指導のあり方の両面からの評価が求められます。特に子ども側の変容については，その時間での評価と，幅のある長期的な変容への期待をもった評価の捉え方が求められます。

⑦ その他の配慮

指導案に則して，その時間に子どもが使用するプリント，ワークシート類などを添付することも必要です。なお，この他，研究授業などでは，参加する教師に「板書の構想例」や「事前の調査集計表」，その他の資料を用意する場合も多くあります。

※「指導略案例」（88頁）を参照してください。

63

24 ねらいに則した指導過程の工夫について

1 指導過程を構成するにあたって

> 道徳時間の指導過程は，主題のねらいとする道徳的価値を，児童・生徒にどのように内面化させるか，その指導の手順を示すものです。構成にあたって次の点に留意します。

① **主題のねらいとする道徳的価値を明確にしておく**

ねらいが漠然としていたり，焦点がボケてしまっていないか，吟味が大事です。

② **児童・生徒の道徳性，その実態，学習上の関連を押さえる**

事前の実態調査や，その他，学校の教育活動全体を通じての関連性を踏まえ，特に「発問」との関わりを考慮します。

③ **適切な資料の選択と，その内容の分析をする**

ねらいを達成するためには，資料の選択が大きな比重をもちます。道徳授業の成功のためには，ねらいにあった資料かどうか，資料の質と分析が十分に行われることが求められます。

④ **指導方法に教師の特性や，個性，特に得意とするうま味（道徳授業の魅力と面白さに関係する）を反映させ生かす**

2 指導過程の工夫

指導過程の構成には，一般的に「導入，展開，終末」の三段階があります。特に展開は「前段，後段」に分ける場合が多くあります。

① **導入の工夫（気づく，意識化，共通化）**

導入は主題に対して児童・生徒の興味関心を高め，学習へのめあてを

第3章　道徳授業の活性化について

共通化する大事な入り口の段階です。視聴覚資料や調査データ，作文，詩など，広範囲にわたる題材が選ばれます。

② 　展開の工夫（考える，明確にする，焦点化，内面化，深化，一般化）

◆前段　中心資料の内容に迫ります。その中に潜む中心課題から道徳的ねらいに気づかせ，具体的な洗い出しを試みます。

◆後段　いわゆる価値の一般化を図る段階です。ねらいとする価値を具体的に自分の問題・課題として引き寄せて考えさせます。

③ 　終末（まとめ）の工夫（態度化，意欲化）

芝居を見終わった後の感動と同じ，人生途上の「心の残照」として，一人ひとりの魂に彫刻する段階です。教師のねらいに沿った「説話」「体験」「格言」あるいは児童・生徒の「振り返り・まとめ」の学習作業など，効果的な幕引の場です。

3　指導過程の一般的な段階

導入		気づく 意識する 共通化する	・主題のねらいとする道徳的価値に対して，興味関心をもつ。 ・本時の学習のめあてを知る。
展開	前段	考える 明確にする 焦点化する	・中心資料をかみ砕く。価値の追求を図り，内容の把握に迫る。 ・問題意識が明確になる。
	後段	内面化 深化 一般化	・特定の資料からねらいを浮かび上がらせ，価値について考える。 ・自分に引き寄せ価値を追求する。
終末		まとめる 態度化 意欲化	・主題から浮かび上がったねらいの価値について，まとめをする。 ・実践への意欲化を確認する。

25 道徳授業で活発な話し合いをさせる コツについて

1 道徳授業は「話し合い」を深める授業

「意見を出し合う」「まとめる」「比較する」「考えを深める」この一連の目的に則した「話し合い」を成功させることは即「その時間の道徳指導の評価」につながる重要なポイントです。

2 活発な話し合いの工夫

① よい聞き手を育てる

「よき発表者を育てるコツは，よき聞き手を育てる」ここに尽きます。「何を語っても真剣に受け止めてくれる仲間や先生がいる」この信頼感を作ります。

◆そのためのルールづくりは

- ・人の発表は最後まで聞く。勝手にさえぎらない。
- ・意見ははっきりまとめて話すよう指導をする。
- ・「ハイ」は一回の挙手で，騒がしい雰囲気を作らないルールづくり。

② 教師は話し手を認める

どんな意見でも相手の立場を認め「なるほど」「よい意見ね」「よく気づいた」など最初に賛辞を投げかけ，すくい上げていきます。教師に認められることで，仲間にその認め合う雰囲気は広がっていきます。

③ 「メモ」など書くことを併用して話し合う

拡散を防ぐため，意見をメモし，まとめて話す習慣をつけます。

④ 途中まとめて板書をする

発表者の意見を要約して板書します。それを着目させることで，話の進行や内面化が助長される場合があります。

3　話し合いを活発にする席の作り方

①　グループ討議の形式

　まず，少人数のグループで話し合い，順次，そのまとめの発表をして，その後，全体の話し合いに移していく方法です。まとめの役（司会をする人）は役割交替で定番にしない方法と，一応決めておく方法とがあります。クラスの実情に応じて選択させます。

②　座席の並べ方

ⅰ．4人グループ	ⅱ．6人グループ	ⅲ．円形型	ⅳ．半円形型

ⅰ．席はそのままで前の子が後ろを向き，すぐ話し合いに入ります。いつでも簡単に行うことができる利点があります。

ⅱ．小集団の典型の話し合いグループ，66（ろくろく）方式と言われ，6人が6分程度の時間で話し合います。この場合は司会者を決めた方が効率的です。

ⅲ．中央の空間を使って役割劇などを行い，それに基づいて話し合いを進めることができます。

ⅳ．中央の空間を教師が自由に使ったり，また朗読劇などを正面で行うこともできます。

26 教師の発問で大事なコツは

1 道徳の授業での発問

> 授業を活性化する発問とは，学習者に対して単に思い出したこと，考えたことを求めるだけでなく，ねらいに沿った学習活動を深化させるため，個々の思考活動を通じて，ものの見方，考え方を引き出す導火線の役割と機能をもった教師の「問い」です。

《導入過程》

◆共通の問題（話題）を広げる

ねらいに関係する話題を広げ，関心の薄い学習者にも興味をもたせる方向に引き込んでいきます。写真やその他の補助資料を使って盛り上げる場合も多くあります。

《展開過程》

発問もねらいに則した資料の世界での学習活動の展開に類したものが中心になります。

◆読み取り発問

・資料の世界を正確に読み取る「問い」に集中します。

「誰が」「いつ」「どこで」「なにを」「どのようにした」

例えば，資料の内容の人物の行為の進行に沿って，事実を共通的に確かめ，把握させるための発問です。

◆掘り起こし発問

・思考を発展させるための発展発問。例えば「どうしてこんなことになったのだろうか」など。

・行為の奥にある隠れた部分にイメージを広げさせ，人間の心理や事

実をあぶり出す発問。時には学習者の思考の行き詰まりを，明確に開いてやります。

(例)「このとき主人公の気持ちは，実際はどうだったのかな？　もし自分が主人公の立場だったら，どうする？」

◆ゆさぶり発問

・疑問発問。学習者自身に関連付けて考えさせ，広い立場で評価など織り混ぜて論理的思考を導き出す発問です。

(例)「この主人公は，みんなが考える正義心だけで，はじめから行動したのだろうか」「あなたが同じ立場にいたら，ためらわず，この行動に移れるだろうか」

《まとめの過程》

・学習した知識や心情から，ねらいの価値に一般化する発問をします。

(例)「この正義心は，社会的に見てどのような力をもつものか」「正義に向き合う，みんなの今の気持ちを書いて見よう」

2　発問に対しての留意点

① わかりやすい言葉で簡潔に，それも学習者の道徳性の発達，能力に則したまとめやすい発問を心掛けます。

② 常に学習者の思考活動を刺激，促進する「問い」の斬新性を工夫します。

③ 事実を問うのか，考えを問うのか，「問い」の目的を明確にして発問します。

④ 「問い」をわかりやすくする補助資料の工夫をします。写真や物体を適時併用することで「問い」の具体化を図ります。

⑤ パフォーマンス的な味付けの発問は，教師の個性，味わいが滲み出て，主たる発問のわかりやすさとともに，ユーモラスとか，親しみやすさなど，潤滑油にも似た働きをもって効果が上がる場合があります。

27 教師の説話が大事と言われる理由は

1 説話の効果

　道徳の授業で教師が自らの体験談や，教師が情報として収集した話などを，主題に沿って導入，展開，まとめの段階で，効果的に挿入して取り上げ，道徳的価値を一層引き立たせる場合が多くあります。特に教師の真摯な語りは，学習者にとって親近感もあり，それだけ説得力があります。

2 説話の位置付けと活用

① 説話を中心として授業を展開する場合

・指導過程の中心に説話を位置付ける場合です。この指導では，教師の人間性が強く全面に出ます。説話の内容の重さ，つまりねらいを十分引き付けるに値する内容か，事前に吟味します。ゲスト・ティーチャーをお願いして語ってもらうときも同じ配慮が求められます。

・説話の内容を文学作品や新聞，テレビなどから求め，教師が語る方法もあります。これを授業の中心に位置付ける場合も，その内容の吟味と，語りの表現方法が大事になります。

② まとめの段階での活用

・一般的に多く使われる方法です。授業のまとめの段階で，学習者に実践的な意欲付けを図る場合，短く要約して説話で締めくくります。

3 説話を効果的に磨く方法

(1) 日常生活の中で常に新聞などメディアの情報の収集に努めます。心に印象的に残った話は，すぐまとめて記録したり，スクラップしておくことを習慣付けます。そうすることで学習者が共感できる豊

富な教材が日常生活の中に流れて入るのです。

(2) 話の内容はもちろん，語りにも「導入，展開，終末」「起承転結」「序破急」があります。また，「語りはキンチャク型がよい」と言われています。入り口は細く，狭く，奥は広がり，出口は短く，締めくくります。

(3) 話を盛り上げる意外性。話の斬新性です。「こうなるだろう」と思ってい

話の構成図

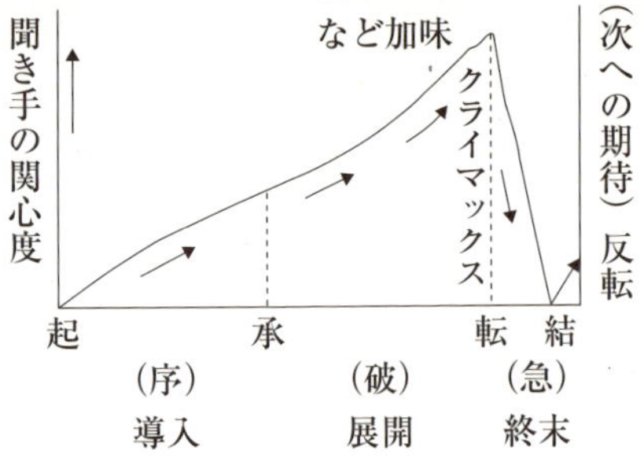

聞き手の関心度／話に意外性など加味／クライマックス／（次への期待）反転

起（序）導入　承（破）展開　転（急）終末　結

キンチャク型

導入は短く，簡潔に／話の本論（楽しく味付け）／結末はわかりやすく明確にまとめる

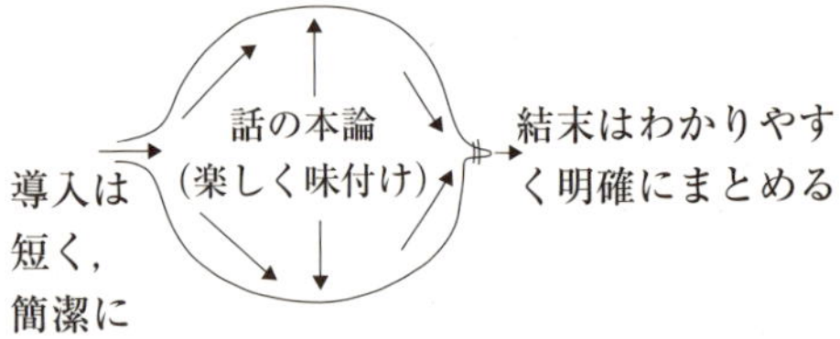

・説話はわかりやすい表現で聴き手のイメージに訴える。落語の話し方参考。

たら，全く違った話に急転直下の展開。ドラマなどに潜む変化の面白さと同じです。

(4) コミカルタッチだけでなく，教師の真摯な語り，「魂への彫刻」を想像させる語りが感銘を与えます。

4　語りの表現技術を磨く

(1) 間の工夫。語りのうまさは「間」にあると言われます。聞き手は「間」の中にイメージをふくらませて場面を想像していくのです。

(2) 常に聞き手の表情を読み取りながら話します。世阿弥の言葉に「反射視点」という語があります。聞き手の反応を見る，演じ手の目線の大切さを教えているのです。

(3) 特に，声の強弱，音量，声の抑揚など，普段から教師自身の特徴やくせなど，自分の声と呼吸の関係をよく知り，これをうまく生かす術を心得ておきましょう。

28 道徳指導に役割演技や動作化を取り入れる配慮は

1 道徳指導に役割演技を取り入れる効果

① 学習者を演技的な表現活動を通し体験的にねらいに迫らせます。演じる→見る→役割交替→話し合う。この一連の表現を通じて，道徳的心情や判断力を体得させることができます。

② 役割取得の過程で，学習者個々の心理の洞察や，役割の相互の関係を通じて，生活実態を知ることができます。自由な即興的な演技や言葉（せりふ）などを通じて，子ども個々の生活実態や適応の実情がよく理解できます。

2 取り上げる場合の留意点

① 主題の展開のどの部分，段階で場面設定するのか，十分事前に指導過程との関係で考慮しておくことが大事です。

② 役割を与え，表現活動をする場合，何をねらって演じさせるのか，その効果をあらかじめはっきりと予測しておきます。ただ面白く，パフォーマンスとして導入するのではないこと，その効果をどこに置くのか，指導の筋道を予測しておきます。

┌─ 例「公徳心」─────────────────

　公園の桜の木を折ろうとしている少年たちを，通りかかったあなたは見て，どう行動しますか？

　なぜ，あなたはそのような行動をとったのか。結果について。観客としての学習者も参加→役割交替→意見の交換。

└─────────────────────────

3 指導上の配慮

第3章　道徳授業の活性化について

(1) 演技の上手, 下手ではなく, 何を, どのような思いで演じようと
　　したのか, そこを大事にします (自由な表現の保証)。

(2) 舞台劇を見る観客ではなく, 参加する観客の役割を果たします。
　　自由に演技に参加させ, 意見を言わせ, みんなで問題を解決してい
　　きます。そのプロセスが大切です。

4　動作化を取り入れる場合

　主に低学年に導入する表現活動です。
この場合, 役割を自分も自覚し, 見てい
るみんなにもわかるように, 首から例え
ば「ひろし」「ねこ」「くま」など, ネー
ム入りのパネルをぶら下げるとか, かぶ
りもの, またお面などをつけるなどして,
役割をはっきり見ている人にもわからせ
る配慮が必要です。

例

　滑り台で遊ぶ動物たち。その中のく
まだけがわがままでルールを守らない,
勝手なことをして滑り台を独占する。

　しかし, やがて転げ落ちてけがをする。みんなはどうしてあげる
か。役割を与えて動作化。教師は見ている子も中に入れ, 役割を交
替させながら意見交換させて,「わがままをしないで, 仲よく助け
合う」ことの心地よさ, 大切さのねらいを体得させます。

注) 役割演技は道徳指導での取り上げ方とは別に, 心理的な葛藤及び
　　適応の立場から心理劇 (サイコドラマ) として, また一方, 人間関
　　係や社会的な問題などから, 適応という面で捉えて社会劇 (ソシオ
　　ドラマ) として, 利用される場合も多くあります。

29 朗読劇を道徳指導に取り入れる効果と指導について

1 道徳朗読劇の効果

　道徳の時間に行う朗読劇は，「ねらいに沿った内容を，正確に理解させるための具体的な読解の一助」という目的性をもった指導法です。その効果的な特色をあげれば次の点になります。

① 　朗読という音声化と，仲間の表現活動を見るという視覚的機能を使うことで，テレビなど視覚情報になじんだ学習者が，資料の内容を具体的にイメージ化しやすい。

② 　道徳朗読劇はあらかじめ，ねらいに沿った内容を，朗読に適した内容に再構成してあり，簡潔でわかりやすい。

③ 　事前に簡単な指導をすれば，読み手の音声表現技能も向上し，だれでも参加できる。

④ 　学習者の想像力に直接訴える表現活動のため，学習者は自分の心との応答環境が容易に作り出せ，内省化が効果的に進められる。

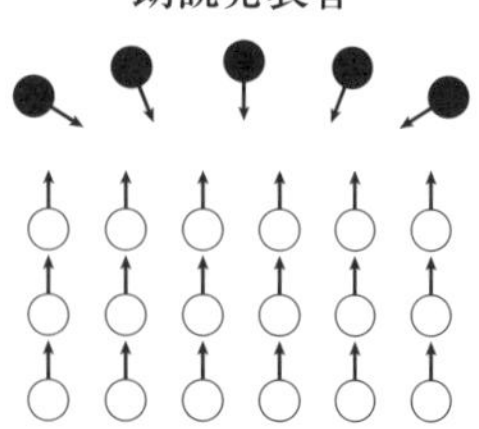

2 実施の方法

① 　読み手の子どもは台本をもったまま，聞き手の仲間の前に並んで立つ場合と，椅子に座って並ぶ場合があります（対面型）。多少の身振り表現を加味する場合，（半円形型）や（円形型）の配置を作る場合もあります。

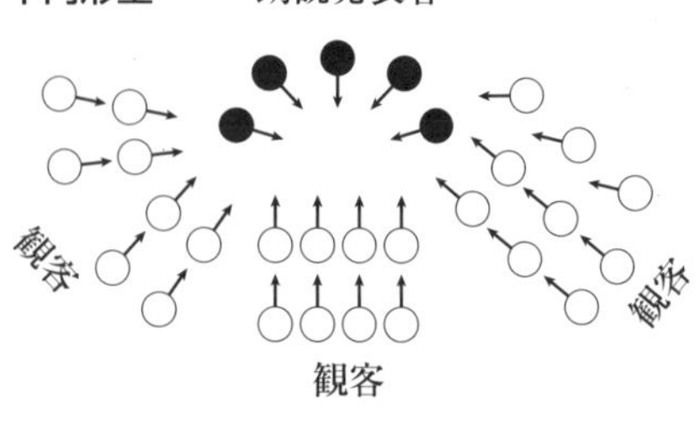

第3章　道徳授業の活性化について

② 読み手は，台本の地の
文を読むナレーター役
（複数人の場合が多い）と
会話（せりふ）を分担す
る登場人物の二組で構成
されます。

3　題材の構成

(1) 原文をそのまま生かし
て構成する場合

説明的な地の文を，分かち
読みするために段落分けして，
それぞれ複数のナレーターを
立て，会話の部分は登場人物
で役割分担します。

(2) 原文を劇的にアレンジする場合（脚色の工夫）

ねらいに則して原文のどの部分を強調して構成するか考えます。普通
どの朗読劇も時間は10分程度（400字×5）が目安です。

(3) ねらいに則して創作する場合

ⅰ. ねらいに沿ってあらすじを作ります。

ⅱ. ナレーターと登場人物（人物は限定。多くて5，6人）決定。語
りは簡潔に，せりふも短く。聞き手がわかる会話調にします。

ⅲ. 構成には「起承転結」の技法。転の部分はクライマックスです。

ⅳ. 共感効果（感情を同化）をねらうのか，問題解決型（同化ではな
く，心の中に問題が残り考え続ける異化状態）をねらうのか，物語
の終わり方に指導者の意図を明確にします。

◎詳しくは拙著『道徳の授業が100倍面白くなる道徳朗読劇の指導』
（黎明書房刊）参照。

75

30 道徳指導を楽しくする
ペープサートや指人形の使い方について

1 道徳指導に求められる魅力的な教材の開発と活用

「学習指導要領解説・道徳編」第5章第3節-3で「道徳の時間に生か
す指導方法の工夫」が求められています。

・教師が資料を提示する場合の工夫の一つに，紙芝居，影絵，紙人形
などを生かし，朗読したり，効果的に演じて見せます。

・また，児童の表現活動を工夫して，人形やペープサートなどを使っ
て演じさせ，体験的にねらいに迫る方法もあります。

2 低学年の指導ではペープサートや指人形の利用が効果的

① 簡単な指人形での道徳指導

・読み物や絵本などの資料を使う道徳指導に，指人形を使った視覚的
媒体による効果的な利用法があり，内容の理解，特に登場人物の関係
などについて，低学年では活発な話し合いを引き出すことができます。

② 指人形の作り方

・厚紙（ボール紙）に動物
や人物の顔や胴体を中心
に描く。形は約10セン
チ程度，絵はカラーで多
少誇張。

・手や足など適当に作り，裏から貼る。

・最後に首の裏側に，人差し指が入る長さ2センチ程度の筒を貼る。

・挿絵や貼り絵などと併用するとよい。

・子ども同士で演じさせ，登場人物や事件との関係をつかませ，一般
化を図る。

第3章　道徳授業の活性化について

3　ペープサートを生かした指導

・簡単な形式の人形劇で，立絵人形，串人形とも言います。物語や即興的な仕草に合わせ，演じさせます。

・道徳授業では，教師が演じたり，児童が演じたり，体験的に指導が可能です。

・ペープサートには，「切り抜き人形」と「描き絵人形」があります。

《作り方》人物，動物，植物など，原紙から人形を切り抜き，色を塗り，竹ひごや割り箸で細い棒をつける。

（材料）原紙，色油性ペン・クレパスなど，はさみ，のり，セロハンテープ，竹ひご，割り箸，針金

◆切り抜き人形（A）－片面

◆切り抜き人形（B）－両面

・竹ひごを挟むようにして，2枚を貼り合わせる。

・表は楽しそうな表情，裏は悲しい表情など。

・一瞬で反転し変化を見せる。

◆描き絵人形（C）

・表裏の絵を描く。場面的な絵が描ける。表と裏で変化（動きの変化など）をつける。

◆操り方

・教卓に布，テーブルクロスなどを掛けて，その陰に隠れて人形を操る方法があります。

・人形をもったまま演じ合うなど自由に行います。

77

31 道徳授業に板書を効果的に生かす配慮は

1 板書の流れは，子どもの思考の流れ

　道徳授業は教師と子どもの共同作業です。道徳的価値に向けて問題の解決をしていく，その筋道は話し合い学習にあります。

　その話し合いの流れが視覚的にまとめられ，またそれをまとめていく筋道が文字や絵などの視覚の板書で鮮明に進められていきます。

　板書は子どもの脳内イメージを象徴的に形象化してくれるものです。

2 板書のもつ5つの働き

① **集中機能**　ただ話し合うだけでは，授業の内容が拡散する場合があり，大事な要点を課題として整理しつつ板書で集中させる働きです。

② **整理機能**　話し合いの中でたくさんの情報（考え方などを含め）が入り乱れたものを，的確に整理して板書し，思考を支援します。

③ **強調機能**　大事なポイントを示してやり，それを色チョークなどで枠を作ったりして強調します。

④ **補強機能**　説明したり，問題を提示したり，指示したり，道徳授業の中で種々の学習活動が行われますが，その中の特にここという重点的なところを補強したり，具体化したりする働きです。

⑤ **情報機能**　多面的な角度からいろいろな道徳的資料を導入し，幅広い考え方の材料を提供します。時にはわざと誤った情報も意図的に投げ込んで，揺さぶりをかけます。それを否定する正しい考え方を導き出すなどの手法も使います。

3　板書のポイント

①　書く量をあらかじめ計算する

多く書き過ぎた板書は，逆に子どもの考えを混乱させる場合があります。視覚的にも全体を通して，余裕のある構成を事前に計画しておきます。

②　書き込む材料を吟味する

要点，ポイントを簡潔に整理して書きます。時には黒板を上下二段に分けて「対比」や「比較」をさせたりしながら，考えをまとめます。

また，事実と意見を明確に分けた欄を作って，考え方を導き出す構成の仕方など工夫します。

③　構造的に美しさのある構成

板書は子どもにとって掲示資料にもなります。全体の調和や配置を考えて構成しましょう。図面や絵画的資料など貼って，板書の部分との併用を図る場合もあります。

特に低学年はこうした視覚的資料などとの構成の工夫が求められます。

④　子どもの参加する板書

グループ討議，個人のノートのまとめの発表など，子ども自身を前に出して黒板に記入させる方法もあります。この場合，内容の是非で子どもの発表意欲をそがない配慮が大事です。失敗を認める学習が大切です。

⑤　文字は正確に美しく

字は丁寧に。誤字，脱字など，いいかげんな表記は厳禁です。子どもはもちろん，保護者の教師への信頼と評価が板書で決まるケースも増えています。

全体を興味のもてるものにする場合，色チョークが効果を発揮します。普通は白を基調として黄色や赤色でアクセントをつけます。青や緑は子どもの見る角度によっては，読み取りにくい場合もあります。注意して使います。

32 道徳副読本の効果的な利用法について

1 道徳副読本は指導要領に準じて構成されている

◆作成にあたっての基本的考え（M社の例）

① 資料はすべて学習指導要領「道徳」の要旨を確実に履行。道徳の時間の「指導内容」については，全学年とも全内容を年間を通じて指導するための資料をもって構成する。

　つまり全学年「指導内容」に沿った読み物資料が展開されています。

② 発達段階に応じた重点項目を設定し，9年間（小・中学校）を通じて，体系的に指導効果が図れるよう読み物資料の構成と展開を図る。

◆着目点

・**小学校低，中学年**　幼児期からの教育との接続に配慮，基本的な生活習慣や善悪の判断，決まりを守るなど，日常生活や学習の基盤となる道徳性の指導や感性に働きかける指導を促す資料の選定。

・**小学校高学年**　多様な経験を生かし，自他との人間関係や社会とのかかわりに目を向け，夢や希望をもって生きる指導を促す資料の選定。特に高学年から複数時間の取り扱いの指導に適応する資料も選定。

・**中学校**　人間としての生き方の指導の徹底化を図る。道徳的価値に裏打ちされた人間としての生き方について自覚を深める指導の重視。その際，法や社会とのかかわりなどに目を向ける。人物から生き方や人生訓を学んだり，自分のテーマをもって考え討論したりするなどの多様な学習を促進できる資料の選定。

第3章　道徳授業の活性化について

2　こうした観点で作成されている副読本の効果的な利用法

①　自校の道徳の年間計画に沿っての利用法

・資料の見直しをする

　すでに各学校には道徳の年間指導計画が作られ，これに準じて指導が行われているところが多いと思います。しかし，道徳指導にとって大事なことは評価です。指導が的確に行われていく中で，常にそのねらいや，また，そのための資料が効果的であったか，特に時代の流れの中で新しい資料の見直しが求められています。

　こうした観点から市販の道徳副読本の中から，ねらいに的確な資料を抜粋して組み替えする場合もあります。

　また，そのまま副読本の年間指導計画を中心に指導し，全校生に配布して，必要に応じいくつかを組み替えて指導する場合もあります。

　いずれにしても，副読本の資料は，幅広い領域からバラエティーに富んだ収集の仕方がなされているものが多く，読み物としても，道徳資料としても，質の両面から厳選されているものが最近は多くなっています。

②　資料選定の観点

・その資料のねらいとする価値は何か。またそのねらいを進めるための授業展開は，どのような流れか。指導過程が予想されるのか。

・登場人物の心の変容の描かれ方が自然か，また説得力に富んだ魅力をもっているか。また，論旨は明解か，わかりやすいかなど。

・学級の子どもの実態に合わせた，多様な指導が可能となるか。

◆コラムなどのミニ資料の使い方

　主な資料の外に，コラムなどの多様な指導に適応するヒントやデータが情報として盛り込まれています。

　これらを利用して「総合的学習」や「他の教科・領域」との関連資料とともに使い，授業にはもちろん，「家庭との連携」に利用します。

33 道徳授業が養育と言われる理由は

1 受容する気持ちで臨む

ひたすら聴く態度です。好ましい行動規範を先に求めるのではなく，ありのままの気持ち，なぜそう考えるのか，その行動をどう思うか，子どもの「ありのままの考え，問い，判断」をそのまま受け止め，そこを足場にして，心を開き合う，そこから出発する授業を基本にします。

特に言語表現で心を打ち明ける，その道を断たれている子どもに着目してください。

　　ｉ．衝動的に行動に走る子ども，問題行動に走る子ども。

　　ⅱ．自分の心を閉ざして，ひたすら緘黙，閉じこもる子ども。

この子どもらに直接，心の有り様を問うのでなく，まず，取り上げる資料の面白さ，その中の人物の行動に興味をもたせましょう。

道徳の時間は，何を話しても，聴いてくれる。その安心感のもてる居場所づくりの時間です。

2 現実の多層性に眼を向けさせる

モノ，金，利益，快楽，現実の社会は，そうした要素が複雑に絡み合った社会です。

人間の価値観もこの要素，特にモノによる環境に左右されます。

特に，大人と子どもの社会の境目がないのっぺらぼうの単一社会でない夢のある子ども社会を創り出します。それは実利的な大人の価値観だ

近代社会

子ども社会 保護・育成の社会	大人社会 善悪混合の競争社会

情報化社会

子ども	大人
同居の円筒社会	
モノ，金，利益，	快楽追求型社会

ボーダーレス化

けでなく,「人として望ましい価値観」に気づかせることです。ここが
ポイントです。

・現実を多層的に見る眼を育てる

　人間の心は深く,人間は多面的な場面に常に遭遇するということと,
それに対しての向き合い方を「多様な資料」から学び合います。

　例えば「人の愛」を取り扱う場合。

「愛」 愛されない ←→ 愛される 愛は奪うもの ←→ 愛は惜しみなく 　　　　　　　　　与えるもの 愛を失うものの ←→ 無償の愛を得た 悲しみ　　　喜び 対極にある関係	それぞれの 対極をもっ た存在であ る。	その多層的な 内容に潜む価 値観のあり方 に気づかせる。

3　道徳授業は「失敗の倫理」の研究である

・人は常に途上にある

　このために試行錯誤して,失敗はつきもの,それをどう生かし,越え
て行くか,心の有り様を問うのが,道徳の時間で使う資料の重さです。

・人間が生きていく上での心の屈折を学び合う

　特に人間は生きる上で「見えるもの」と「見えないもの」をもってい
ます。中でも「見えないもの」は心の世界です。ここを大事に「認め合
う」その「寛容の心」の大切さを学び合います。

4　道徳指導は人間の心の自浄作用と増殖作用を援助する授業である

　人は傷を負えば,すぐ消毒し,細菌を殺し,侵入を防ぎ,新しい細胞
の増殖を図ります。

人の心も→自分の失敗,傷つきを 　　　　　自分の力で治します	⇨	鍛えて,より望ましい生き 方を求めていく

「道徳授業はその心の自浄と 増殖のあり方を援助します」	⇨	資料（主に読み物） 映像,その他	⇨	処方箋（授 業）を使う

34 道徳授業における ワークシートの利用について

1 言葉の力を生かす指導にワークシートの利用を

指導要領「第3章　道徳」の「第3　指導計画の作成と内容の取り扱い」の3

⑷　自分の考えを基に，書いたり話し合ったりするなどの表現する機会を充実し，自分とは異なる考えに接する中で，自分の考えを深め，自らの成長を実感できるよう工夫すること。

　道徳授業では，話すこととともに，書くことの指導が求められ，そのため授業でのワークシートの役割は大きいと言えます。特に，授業の中で，「考えたこと」「心を打たれたこと」「自分に語りかけたこと」などの心の記録を基に，自らの成長を実感できる手立て（内観法）としてワークシートは大きな役割を果たしています。

　また，道徳授業の中で，児童・生徒の課題の追求や問題解決への支援としての役割も大きく，学習の筋道が明確化して，自分のねらい（道徳的価値）への向き合いのガイダンス的な役割も果たします。

　教師としても児童・生徒の成長の過程が，ワークシートの記録などを通じて，長期的に観察でき，個人の指導にも役立ちます。

2 活用の仕方

① 吹き出し型

　一般的によく使われます。小学校低学年から中学生まで，人物のキャラクターによって，共感を得ること

ができます。

② 手紙型・感想文型

枠をいろいろ作って，その中に主人公への激励や行動の仕方への考え方をまとめさせたり，また感想を綴らせたりします。

枠取りに楽しい絵などを工夫します。

罫線を入れて書きやすくする配慮もします。

③ 1枚のワークシートの構成

その授業の指導過程に合わせて，学習者の資料理解，人物への理解，自分の考えなどが反映できるようアレンジします。

④ ヒントを与え，導入しやすい手立ても考える

全く白紙のコーナーに，自分の意見や考えを書かせる場合もありますが，時間という制限の中では，ある程度の考え方のヒントや，また選択肢を与え，なぜそれを選んだか，考え方を問う方法もあります。

それらのヒントを示すことで，学習者のその後の思考に筋道を与えることが可能です。

⑤ ファイリングし，ポートフォリオとして，成長の証しとする

（おかあさんへ）
おかあさんがそうじみつかいてくれたことはおこられたときはもういうことでいたすかりわたしはもしひやさしいおかあさんが大すきです。
より

道徳シート

災害の中の人々
6年1組
氏名

1．新潟上越地震の写真を見て，どんな感じを受けましたか。

2．作者はどうして人の役に立ちたいと考えたのでしょうか。

3．いくらがんばっても，奉仕の気持ちが伝わらないことに作者はどんな気持ちになりましたか。

4．「人を救うのは人しかない」この言葉をどう思いますか。

☆ボランティアに徹した作者をあなたはどう考えますか。感想を書いてください。

35 道徳の時間の評価はどのように取り扱うのでしょう

1 児童・生徒の道徳的価値への関心と変容を図る評価

道徳指導の中で，児童・生徒がどのように指導内容に迫ることができたのか，その変化の度合いや，自己肯定感に裏付けされた心の変容を考察し，今後の指導にさらに生かすための主たる評価の方法です。

① 学習者自身の記録による評価

心のノートに記入した記録，道徳ノートの記録，ワークシートの記録などから，資料内容の理解度，その時間の道徳的価値観に対する関心度，また学習者のねらいに対する考え，自己の生き方への反映度などを考察して，一人ひとりに応じた生活態度などへの理解と将来にわたる心の指導の手掛かりにします。

特に指導内容に対する，個人の対応の仕方や，心のつぶやき（内省語）を大事に読み取っていきます。

② 自己評価の生かし方

「授業をふりかえっての調査」（個人調査）を生かして，自己評価，その個人の「自己肯定感」を考察し指導に生かします。

例えば「1-(4)誠実」をねらいとした授業の結果を「資料」「ねらい」「意欲」「実践」の4項目に分けて自己評価させます（表1）。表3

表1

授業をふりかえって	◎○△×
◇主人公の心の変化を感じ取ることができましたか	
◇誠実に行動することの大切さに気づきましたか	
◇自分の考えをもって取り組むことができましたか	
◇誠実に行動していこうと思いましたか	
◇友だちの意見で心に残っているもの（　　　　　）さんの意見	

表2

授業で使用したワークシート（自己評価）
うそをついたり、ごまかしたりしないで誠実に行動したこと

第3章　道徳授業の活性化について

表3

1 −(4)誠実　授業参加者 22 名	はい	だいたい	あまり	いいえ	
◇主人公の心の変化を感じ取ることができましたか	2	17	2	1	資料
◇誠実に行動することの大切さに気づきましたか	4	14	3	1	ねらい
◇自分の考えをもって取り組むことができましたか	4	13	3	2	意欲
◇誠実に行動していこうと思いましたか	4	14	2	2	実践

（資料参考：川崎市総合教育センター「道徳の時間」自己肯定感）

はクラス全体の結果です。これは次回の指導の改善に生かします。また，個々の子どもの自己評価（表2）も併せて，個人の心の成長の過程として，その後の指導に生かします。特に自己肯定感の育成には①具体的な目標をもたせる，②うまく行った経験をもたせる，③他人からの認めと賞賛，④チャレンジ精神とその成長モデルが大切と言われています。

2　指導過程・指導方法での評価

①　資料内容はねらいに則して適切だったか

・事前の資料分析と実際の授業のブレはなかったか，検証。

②　指導過程に対する評価

・事前の実態調査や把握は，適切に授業に生かされていたか。

・体験的な活動が生かされていたか。

・発問はねらいに則し，適切で効果的に指導に反映されていたか。

③　指導方法に対する評価

・資料の提示方法はわかるように工夫されていたか。

・掲示資料や視聴覚資料など，適切で効果的に使われていたか。

・体験的に参加できる雰囲気づくりや方法が工夫されていたか。

④　教師自身の授業への評価

・事前の準備は意欲的，かつ効果的に指導プランに生きていたか。

・地域や保護者，校長はじめ職員の連携協力は得られていたか。

・一人ひとりの児童・生徒への温かな心配りが果たせていたか。

《評価の方法》

ワークシート，授業の進行調査表，授業メモ，ビデオ，録音，観察など。

《指導略案例》 日常の道徳の時間に略案を作って指導する。

資料名	ぐみの木と小鳥		指導者	2年1組　佐藤　茜
主題名	温かい心で	内容項目	2－（2）　温かい心・親切	
ねらい	誰に対しても親切に，真心をもって接する気持ちを育てる			
主題設定の理由	豊かな人間関係を築くためには，相手の立場に立った思いやりや親切な心が大切である。この時期，精一杯，相手に対して，温かく接する気持ちを育てたい。			
学習活動	導入	1．友達に対して親切にしてあげた経験を想起して話し合う。 ・どんなときに，どのように親切にしてあげたのか。		
	展開	2．資料「ぐみの木と小鳥」を読んで，話し合う。 ・この頃りすさんが見えないと，ぐみの木から聞いた小鳥さんは，どんな気持ちになりましたか。 ・涙を浮かべ，りすさんはどんな気持ちになったのでしょう。 ・小鳥さんは，嵐の中で，どんなことを考えていたのでしょう。 ・嵐の中を飛び続けたとき，小鳥さんの気持ちはどうだったでしょう。 　☆役割演技を導入して疑似体験させる。		
		3．友達に親切にして感謝されたとき，どんな気持ちがしたか。		
	終末	4．教師の説話を聞く。 　☆イラストの一枚絵を見せながら，親切にした感動の話。		
評価の観点	・親切にしたときの心地よさを感じ取れたか（ワークシート）。 ・役割演技は，体験的に親切や思いやりの感情移入ができたか。			
心のノート	導入と展開後段で，友情・信頼のページを活用。終末で思いやり・親切のページを活用し，児童の実践意欲を喚起する。			
関連	「学級活動」係り活動や学習などで，親切な友達関係が具体的にできるか，実践活動への援助をする。			
家庭関連	学級通信，道徳通信などで，親切や思いやりの学習の内容を伝え，児童への励ましと実践への援助を家庭に伝える。			

（参照：『道徳副読本指導書・小学2年』光村図書）

第4章

道徳資料の取り扱い

36 道徳指導に資料はなぜ必要なのでしょう

1 経験それ自体が生きる力としての役割を果たしている

・道徳性の育成は，子どもの生活実践の中から生まれる

「生活が成長であり，経験がその生活を改造する。」アメリカの教育学者デューイの言葉です。子どもは幾多の生活経験を重ねる中で成長します。デューイはこの経験する生活の的確な構築が大事だと唱えているのです。経験それ自体が生きる力としての機能を果たしているのです。

・道徳性の育成には，子ども自身の日常での経験の蓄積が大事である

この経験を通して道徳性は養われると言っても過言ではありません。総合学習や，その他の体験学習が子どもの成長にとって大事なことはこのためです。

2 多様な人間関係の中で傷つく心の問題

生活体験を繰り返す日常生活の中で，子どもたちはその都度，いろいろの試行錯誤を繰り返しています。「失敗から学ぶ」と言われるように，間違いやつまずきも大事な学習です。しかし，**複雑な人間関係の中では，一度の失敗が深い心の傷になる場合もあります。**

実は学校で道徳性を学ぶ理由の一つに，こうした人間関係のつまずきを，**あらかじめ多様な人間の生き方を学習しておくことによって，少しでも避けることができないか，**そうした願いもあるのです。

3 道徳資料は多様な生きる場面を想定した心のテキスト

・どんな場面に遭遇しても，的確により好ましい行動の選択ができる

その心の準備や行動の仕方ができたら，すばらしい生き方になります。

・道徳の時間は，子どもが生きるための多くの価値選択のためのシ

ミュレーションの時間である

そのためには，次のような観点の指導が考えられます。

・子どもの心の発達過程を考えておく。

・子どもの生活全般を見通したバランスのある道徳性を学ばせる。
（ねらいと年間指導計画との関係）

・そのねらいを達成させるためには，どのような学習のモデルを
使って考えさせるのか。（資料の選択と学習方法）

4　道徳資料を取り上げることで本音が語れる

　人間は誰でも人前で本音を語ることは苦手です。まして子どもは経験
も未熟です。心を振り返って語ることが難しい立場にいます。

　しかし，資料の中の人物の心理や，出来事を追体験しながら語ること
はできます。実はその語りの中には，多分に自分の思いや経験，期待な
どの内的な体験を，その資料の人物の心理や行動に乗せて語る場合が多
いのです。資料を通じて子どもの
本音が絡み合い，反映しつつ話し
合い学習が進む，こんな光景が道
徳授業の中に潜んでいます。

　特に自我が顕著に表れる高学年
から中学生の頃は，「資料をマス
クにして，子どもは本音を語る」
と言われるのはこのためです。

　多様な資料を使うことで，道徳
授業は経験に幅をもたせ，魅力の
ある人間行動学にまで高められて
いくのです。

多様な感想や意見に集約される

心が躍った　こうあるべ　きだった　行為に同化　行動を批判

資料を通じて

資　料（読み物など）

・主人公の考えの裏には，きっとこんな思
いがあったと思う。

・主人公は，あのときこうすればよかった
のに。

表面では語れない本音が資料（マスク）を
通じて表出。

37 読み物資料の種類と，その特色について

1 読み物資料の種類

(1) 身近な生活に則したもの　　作文，新聞記事，各種ドキュメント類。

(2) 作品からのもの　　　　　　偉人の伝記，名作類からの抜粋など。

　　　　　　　　　　　　　　　民話，古典，随筆，詩歌，論説類，劇，

　　　　　　　　　　　　　　　シナリオなど。

(3) 地域性に富んだもの　　　　伝承，伝説，郷土資料，実話など。

(4) その他　　　　　　　　　　聞き取り資料など。

2 子どもの生活に近い等身大の資料

内容として日常の生活に取材したものが多いです。作文，記事，エッセイ，生活童話など，身近な等身大の内容で語られています。

◇指導の利点

・子どもの経験に引き寄せて，内容の理解が容易です。

・課題追求としても多様な考えを引き出すことができます。

・実践活動につながりやすく，マナーや社会的ルールなどを学ぶのに適しています。

◇留意点

・ともすれば生活指導に片寄りがちになり，道徳的価値への一般化が薄れる場合もあります。

・内容が子どもの実生活問題に片寄り，ねらいに対しての内容が限定されるきらいもあります。

3 人間の生き方，考え方を感性を通じて体得させる資料

感動資料と言われる物語文や，ドキュメント文，エッセイなど。

第4章　道徳資料の取り扱い

◇指導の利点

・直接体験しにくい話でも，深く読むことで心の琴線に触れ，共感の増幅が図れます。

・優れた人の生き方，自然の崇高さに触れ，感動体験を累積できます。

・現実の情報世界から，未来志向の人間の生き方を感知できます。

◇留意点

・読むことに抵抗をもつ子への配慮が必要です。

・事柄の読み砕きに時間がかかり，その奥にある道徳的価値が見えにくい場合があります。

・主人公の行為や心理と，現実の子どもの意識の乖離とをつなぐ指導が求められます。

4　論理的な読みを通じて，道理や社会的価値に気づかせる資料

道徳性を育てるためには，感性だけでなく，論理的な理解もまた必要です。各種の説明文，エッセイ，記録，報告文など。

例えば，感動経験の累積の中に，一つの意志的な方向性をもたせるなどの指導です。感情の裏付けとして「だから，こうあるべきだ」という，意志的な論理の筋金を入れる指導です。そのための論理的思考を練る読み物資料です。

◇指導の利点

・生活に関わる問題や課題などで「この問題をどう考えたらいいのか」「この問題の陰に，自分たちの生き方，考え方，実際の行動がどう問われているのか」そうした問題解決型への考え方を育成します。

◇留意点

・結論を強制するのではなく，問いの過程を大事にします。多様な意見や，どのような価値的態度決定が望ましいのか，考えさせます。

93

38 道徳授業における自作 VTR 資料の効果的な生かし方

1　自作 VTR 資料の効果

《利点》

① 　地域や学校の実態にあった素材を対象に作ることができ，また身近なテーマが具体的に提示でき，子どもの道徳的関心を想起させるのに適しています。

② 　何回も繰り返して視聴でき，そのため指導過程を自由に構成することができ，道徳指導に変化と厚みをもたせることができます。

③ 　児童・生徒も参加して VTR での道徳資料を作成することができ，親近感をもった授業が可能になります。

2　授業での生かし方

VTR 制作による道徳資料の形式には，①ドラマによる構成物，②対談式の構成物，③ルポ形式としての構成物，④ストレート・トークなどがあります。

①　ドラマによる構成

地域の偉人伝やリアルな自分たちの生活を描いたものなど，ドラマ形式で構成していく作品としての資料です。

起承転結によって統一されたストーリー性が求められたり，出演者の演技上の問題，その他，セットやロケ地など，作成過程における技術，スタッフなどの課題も多く，ある程度の専門的な知識や技術も要求されます。

道徳資料として使用する場合，内容の追求（道徳のねらいに沿った指導過程）の前に，ドラマ制作上の話題性が先行して授業が拡散する恐れもあります。

第4章　道徳資料の取り扱い

②　対談形式の構成物

　地域の古老や識者，またそれぞれの専門家の方々の話を対談形式でまとめた資料です。問題や課題を要領よく編集して構成することもできて，道徳資料としてよく使われます。

③　ルポ形式としての構成物

　先生や子どもたちがインタビュアーとして登場したりして，地域を含め現代的な問題や話題性に富んだものを，ルポ形式で構成します。中に統計資料や写真なども挿入して，内容そのものの突っ込みが可能な資料になります。

　環境問題，福祉問題，交通問題，少子高齢化問題など，地域の現状に合った話題性を使用し，道徳のねらいに沿って構成することも可能です。

④　ストレート・トーク

　地域の人や話題の人を直接取材して，語りを中心に構成します。この場合，語りに変化をもたせるために，その話に関係するシーンをドキュメント形式で挿入するとか，変化のある構成もできます。写真やその他の掲示的資料などを挿入することもあります。

3　指導上の留意点

①　自作 VTR は手作りのよさとして，素材が新鮮で親近感がもてるものが多くあります。しかし，逆にそれが全面に出てしまうと「面白い」「あの人を知っている」など，話題が先行してしまい，道徳の授業としてのねらいにずれが出る場合もあります，この点，話題から一般化への切り口を十分配慮して指導を進めます。

②　個人的なプライバシー問題には，配慮してください。無断で個人の所有地に入ったり，生活上のプライバシーに立ち入ったりしないこと。必ず撮影前，企画の段階で対象者に了解と協力を要請しましょう。

4　VTR 資料の作り方（図解）

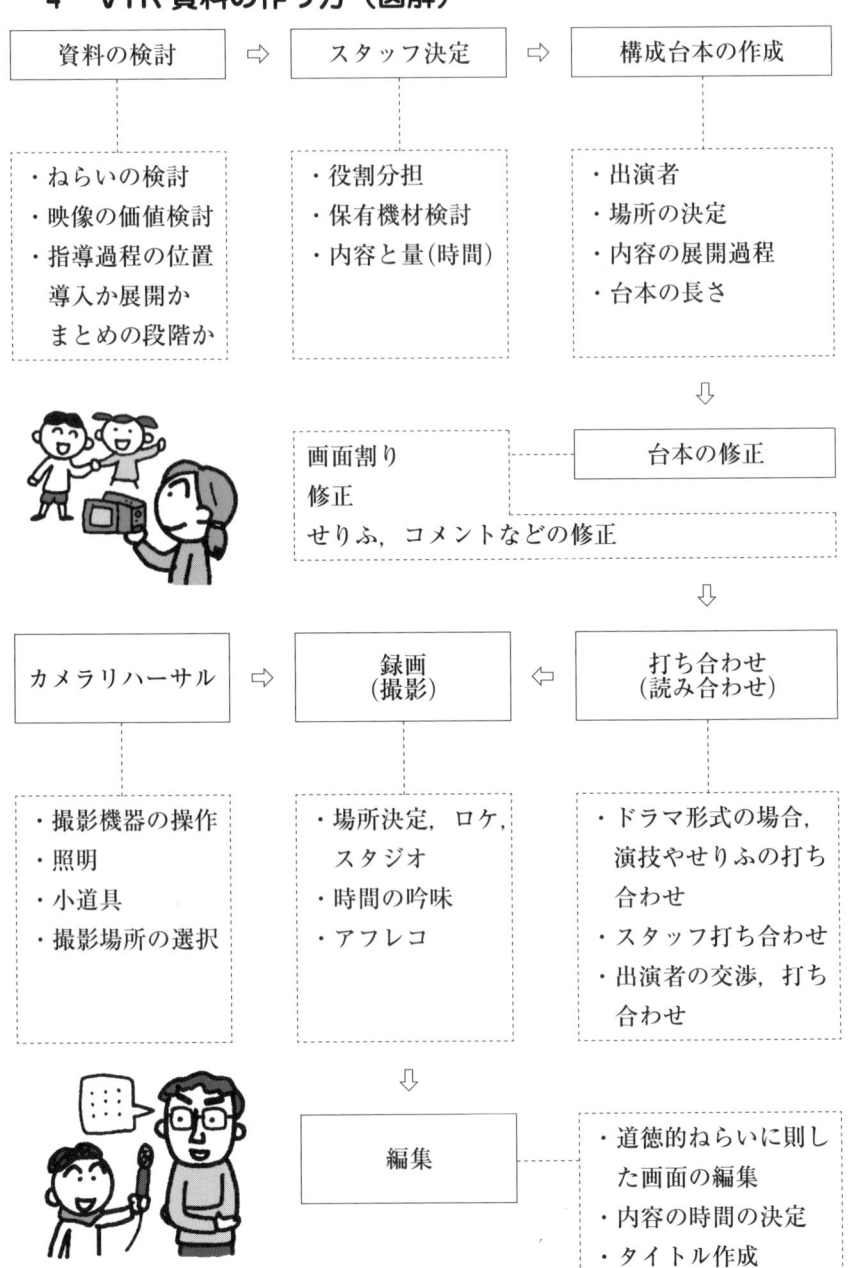

| 資料の検討 | ⇨ | スタッフ決定 | ⇨ | 構成台本の作成 |

- ・ねらいの検討
- ・映像の価値検討
- ・指導過程の位置
  導入か展開か
  まとめの段階か

- ・役割分担
- ・保有機材検討
- ・内容と量（時間）

- ・出演者
- ・場所の決定
- ・内容の展開過程
- ・台本の長さ

⇩

画面割り
修正
せりふ，コメントなどの修正　　　　　台本の修正

⇩

| カメラリハーサル | ⇨ | 録画
（撮影） | ⇦ | 打ち合わせ
（読み合わせ） |

- ・撮影機器の操作
- ・照明
- ・小道具
- ・撮影場所の選択

- ・場所決定，ロケ，
  スタジオ
- ・時間の吟味
- ・アフレコ

- ・ドラマ形式の場合，
  演技やせりふの打ち
  合わせ
- ・スタッフ打ち合わせ
- ・出演者の交渉，打ち
  合わせ

⇩

編集

- ・道徳的ねらいに則し
  た画面の編集
- ・内容の時間の決定
- ・タイトル作成

VTR台本の形式（一例）

映像	セリフ
◆教室の前の廊下 ・子どもたち通る ・博志 ・ナオキ ）来る 元気がない	[SE] 校庭で遊ぶ子どもの声
・しのみと悦子、 みち子 教室から出てく る　2S	しのみ　あら、ナオキさん 悦子 みち子 ）おはよう ナオキ 博志 ）おはよう
・しのみ みち子 カメラ・パンし て　2S	しのみ　どうしたの、元気ない！ みち子　わかった、夏休みの宿題 やってないんでしょう
・ナオキ 博志　2S	ナオキ　そんなんじゃないよ 博志　武田君が病気なんだ
・しのみ　1S	しのみ　ほんと！　どんななの その病気？

※ [SE]（音のみ）， [1S]（ワン・ショット，1人だけ）， [2S]（トゥー・
ショット，2人だけ），カメラ・パン（カメラをそのまま振って写す）

VTRのタイトルの作り方

タイトルも色々
工夫することで
楽しい作品がで
きます。

39 テレビの道徳番組の効果的な利用法について

1　NHK道徳番組の現状（平成21年度現在）

《小学校》 (教育テレビ)

低学年（1，2年生）	中学年（3，4年生）	高学年（5，6年生）
「ざわざわ森のがんこちゃん」	「時々迷々（ときどきまよまよ）」	「道徳ドキュメント」
毎週 月9：00〜9：15 木9：00〜9：15 （翌週・再放送） 「年間20本作成」 物語り形式	毎週 水10：00〜10：15 金10：00〜10：15 （翌週・再放送） 「年間20本作成」 物語り形式	毎週 水10：45〜11：00 （翌週・再放送） 「年間20本作成」 ドキュメント形式
大きい恐竜が主人公。仲間と巻き起こすトラブルを通じて，ルールやマナーなどを学ぶ。	心に潜む迷いの現実を日常生活の中で経験。葛藤と揺れの中で，価値選択を図る。	人生体験や現実の社会問題をドキュメントとして構成。家庭と学校を結ぶ番組。
	「カラフル！—世界の子どもたち—」	
	毎週 水　9：30〜9：45 金　9：45〜10：00 （翌週・再放送）	
「カラフル！—世界の子どもたち—」は教育テレビ，毎週木夜7：40〜7：55放送の中から，年間20本，学校放送向きに選択して放送している。一人ひとりの生き方を考える。		

・発行されているNHK学校放送テキストを参考にする。

第4章　道徳資料の取り扱い

2　テレビ道徳番組の特色

①　継続視聴に強みがある

特に低学年や中学年など，ドラマ形式の番組では，視聴している子どもと，物語の主人公との同一化が図られ，主人公に共感したり反発したり，まさに同じ次元での生活化が図られます。

この生活一体化の利点は，常に主人公に自分を重ね，心の成長を経験できる点にあり，追体験の典型とも言える学習が図れます。

②　感性的認識から論理的認識へ

面白い，楽しい，興味がある。視覚的感性を総動員して子どもは内容に迫ります。この感性的な捉え方を大事にして話し合いを通して，言語的，論理的な理解に変えます。映像学習の特性はここにあります。

3　年間指導計画との組み合わせ

①　NHKの道徳番組に沿って年間指導計画を組み合わせる場合

継続視聴の利点を生かして，それに自校の指導計画を生かしていきます。月2回はNHKに沿って番組視聴。後の2回は自校の年間指導計画に則して指導します。継続視聴の場合の指導の形式は，15分の視聴後，その主人公の行動や心の問題を取り上げ，ねらいに迫ります。

物語の共通点を軸に，自分たちの生活のレベルに問題を引き寄せ，主人公の行為に自分を重ねる中で，番組の道徳的価値に迫ります。

②　自校の年間計画に沿って視聴する場合

・自校の指導計画の資料の一つとして，番組を生かす方法

高学年の「道徳ドキュメント」や「カラフル！」などは，そうした利用も可能です。ただ，こうした単発的な使い方の場合，録画上の著作権には十分配慮します。

また，内容を適時分断して使うことは，著作権はもちろん，子どもの見たい欲求を遮ることになるので，ぜひ避けたいことです。指導効果が薄れる場合が出るので注意します。

99

40 心の葛藤を軸に道徳的価値を追求する読み物資料の扱い方

1 読み物資料の特質をつかむ

道徳的なねらいを達成するためには，まず，その読み物が，

① 主として心情的な追体験を生かしてねらいに迫る感動的資料か。

② 心情を中心としながらも心の葛藤面に強く訴えてねらいに迫るものとしての葛藤的資料か。

③ 主として心情を通じて知的な操作をしながら，理解や判断力をもとにねらいに迫る知見的資料か。

④ また，生活習慣形成と言われる基本的な生活態度をねらいとしてもった生活習慣形成資料か。

これらのどの特質を強くもっているかで，どのねらいに迫る資料かを決めます。読み物資料には，複合的な特質をもつものが多いので，その中でも全体を通じて特にねらいに迫る特性をもった資料を選択します。

2 心の葛藤を主体とする資料の扱い

① まず，心の葛藤の場を，その資料全体から読み取る

葛藤の場の設定	→	解決への道筋	→	自己決定
・対立，葛藤		・対立，葛藤		

―《要約資料》「千羽づる」（光村図書『道徳・5年』ねらい→誠実）―

　洋子は手術直前の友人をクラスの仲間と病院に見舞うことになり，心のこもった贈り物として，みんなで手分けして千羽づるを明日までに折ってくることを約束する。しかし，その晩，急に誘われて大好きなバレエを見に行って，千羽づるが折りきれない。どうしようか，迷いながらも急に熱が出たとウソを言ってしまう。みんなは心

第4章　道徳資料の取り扱い

配して休み時間に手分けしてつるを折り上げ，その日，病院に見舞いに行く。喜ぶ友人は，特に洋子が熱が出たのに努力してつるを折ったと仲間に聞いて，涙を浮かべて感謝する。その涙を見ているうちに，洋子の心は激しく揺れ動く。

②　心の葛藤の場が3つ用意されている

発問「主人公はどのようなことで，困っていますか」

(1)　バレエに行ってしまい，約束が果たせない。正直に謝るべきか，ウソを言って，言い逃れるべきか。→やはり，ウソで言い逃れよう。

(追体験：自己の経験の想起の中で，児童は洋子の行動に自分を重ねる)

発問「主人公は，このあとどうするのでしょうか」

(2)　ウソを言ったが，逆にみんなは自分の体を心配して，その上，手分けして千羽づるを折っていく。→困った。でも，もうどうすることもできない。なりゆきにまかせるか。

発問「主人公はどんな気持ちになったのでしょうか」

(3)　涙を流して喜ぶ友人。特にみんなから「ゆうべ熱が出たのに，少しでも折ろうと努力して，いくつかの千羽づるを洋子が折り上げてきた」と聞いて，感謝する。→たまらない気持ち，もうここから逃れたい。

発問「自分が主人公だったら，どうしますか」(追体験の主体化)

(4)　どうしたらよかったのか，どうすべきなのか。

発問「ウソをついたということについて，あなたはどう思いますか」
　　　(主体的な捉え方に導く)

主人公の行為を客観的に見て，批判的，あるいは共感的に捉える。→そして設定された物語の条件から外れた位置で，個人の主体化された判断が導き出されてくる。→「誠実な心とは」の一般化へのまとめ。

101

41 知見に主眼を置いた読み物資料の取り扱いについて

1 知見資料はほとんどが説明文・論説文の形態をもっている

道徳授業で知見資料を取り扱う目的は，究極においては知見を開くということにあります。

```
┌──────────┐   ┌──────────┐   ┌──────────┐   ┌──────────┐
│ 知見を開く │ ⇒ │ 知的操作  │ ⇒ │ 主体的理解 │ ⇒ │ 知情意   │
│          │   │ 内容を理解 │   │ 自覚的知恵 │   │ 総合的な道徳性 │
└──────────┘   └──────────┘   └──────────┘   └──────────┘
              └─ 人を知り，物事を知る ─┘
```

表示された図の通り，事実の理解（興味・関心）を通じて，道徳的心情及び判断力を通じて，自分自身の課題に気づく，これが「知を開き，自覚的知恵を身につける」ことです。

2 指導の手順（例）

① 一読法を使う

はじめに一気に最後まで読ませます。このため難解語にはルビをふるとか，また写真，掲示資料，挿絵などの視覚的補助資料を併用する場合もあります。

② 段落ごとに要点を示した枠の提示をする

段落1	段落2	段落3	段落4
要点	要点	要点	要点
……	……	……	……
（要旨）	（要旨）	（要旨）	（要旨）

文の構造の理解
（事実の把握）

国語の指導と違うところは，読解に時間をかけず，早く内容をつかませるところです。そのため教師から読解しやすい導入の要点などを与え，これを通じて話し合わせ，段落ごとの要旨をつかませます。

第4章　道徳資料の取り扱い

③　**段落をつなぎながら，作者の意見をまとめ，課題の共通化を図る**

説明文の提示されている作者の意見（課題）を早くつかませます。

④　**課題に対しての意見（考え方）を，みんなで話し合わせる**

道徳的価値へ迫ります（つまり主体的な捉え方への導き）。

⑤　**主体的自覚**

> あなたは，ここで示された問題提起をどう考え，これを自分の課題として，どう向き合っていくのか。（事例を離れて，あぶり出されたねらい（道徳的課題）を自分の生き方にどう明確化していくのか。

《事例》「氷河で発見されたミイラと火」（光村図書『道徳・6年』山根一眞）

（概要）アルプスの氷河で発見されたアイスマンが持っていたシカの皮に包まれた炭（推定5300年前）。それは当時火として，持ち歩いていたもの。昔から火がいかに人類の歴史にとって大事なものだったか。現代はその火（石炭や石油）で近代化が進んでいる。しかし，最近は地球の温暖化が危機的問題。氷河が溶けたのもその一因。博物館に眠るアイスマンのミイラが語りかける言葉は。

《段落分けによる理解》

①　1991年9月，アルプスで氷河の中からミイラが発見された。

②　推定5300年前の人間，保存がよく，持ち物の中に火の道具が。

③　火を持ち歩いていた古代人。人類が動物と違うのはこの火の利用。

④　現代はこの火が文明を築いた。だがこの巨大な火の文明が地球の温暖化を招き，人類生存の危機さえ叫ばれている（ここまでは事実を知る。知的操作に重点を置いた論理的思考過程）。

⑤　アイスマンが，「石油や石炭を使い過ぎるな」と語っているように作者には思える（内容の理解を通じて，道徳的共感・心情化）。

⑥　地球の自然環境を守るために，これからあなたは，どんなことをしたいと思うか（自覚的知恵を問う→自己の課題に気づく段階）。

103

42 感動を訴える読み物資料の取り扱いについて

1 感動資料がなぜ必要なのか

　子どもの直接体験の幅は限定されています。しかし，優れた人間の生き方や，自然の偉大さ，また崇高な感情などを読み物の中から新たな体験として体に取り込む，このことで明るい人間関係に満ちた人間信頼を育てます。情報社会の中で，現実的な生活感覚に洗われ過ぎている現代の子どもに，未来志向的な夢と生きがいを与えるためにも，感動を伴う物語資料を積極的に扱うことが求められています。

2 感動資料の取り扱いの基本は「魂に彫刻する」こと

　感動体験の累積が，人間の心の奥深く感性的，情緒的な心の経験を蓄え，その蓄えが「善意に満ちた行為」への限りない憧れに発展します。まさに子どもの魂に感動の経験を刻む，彫刻する。これが感動資料の取り扱い方の基本です。

3 まず読み聞かせの工夫が大切

　内容をいかにはじめに理解させるか。読み取りの工夫から始まります。それには教師の範読が欠かせません。いきなり子どもを指名して読ませる場合もありますが，この場合は事前の読み指導がなされていれば，朗読を聴く他の子どもたちは黙読しながらも理解が進みやすいものです。国語指導の読みと違い，道徳授業では，はじめの一発でどのように内容を理解し，そこに潜む人間の行為に迫れるかが問われます。

　事前に朗読を録音したり，必要に応じてバックミュージックを流したり，また，挿絵や写真などの視覚的補助資料を使うのもこのためです。

　教師は事前に資料の深読みをし，資料のどこを強調するのか，どこか

第4章　道徳資料の取り扱い

ら理解させるのか，中心発問の設定を考えながら「読み砕き」をします。

4　物語の内容と子どもの生活経験を，直接結び付けることは慎重に

　例えば，「あなただったら，どうしますか？」「主人公のつもりで感想を述べなさい」など。こんな問いでは子どもは戸惑います。物語の主人公の行為と自分たちの生活との乖離，そのために子どものイメージの行き場が失われてしまうのです。

　物語の体験，その追体験での感動は大事にして「人にはこんな美しい心があるのだ」などの，道徳的価値へのあこがれを大事にします。

　道徳的価値へのあこがれとは，欲望の世界に執着しがちな人間の心を，それを超えていく崇高な心の有り様に転移させることです。それには子どもの内面に，具体的に人間の愛や仁に生きた人間像をイメージとして焼き付けることから始まります。まず情緒的認識です。

　その上で次に「かみ砕き」の読解に沿った「中心発問」を用意しながら，主人公の行為の裏に潜む価値観に迫っていきます。

5　発問は中心人物の行動線（意志や主張）に沿って設定する

　読み物資料の主人公の行為や心理，主人公に絡む周辺人物や事柄を，一貫してかみ砕き，中心発問とそのための補助発問をどのように構成して，子どもの意識と連動させるか，ポイントはここです。

　・**読み取り発問**　行為や行動を事実に沿って確かめ合う発問。
　・**掘り起こし発問**　行為や行動の奥にある隠れた部分をイメージ化し，あぶりだす発問。
　・**揺さぶり発問**　行為や行動に対して，子どもの価値選択を迫る発問。

　以上のほかに，物語を「対立」と「葛藤」の構造分析の中で，読み取らせ価値観に迫る「構造読み」の方法もあります。

43 基本的な生活習慣をねらいとする 指導のポイントとは

1 基本的な考え方

① 指導のねらいが具体的にイメージされるもの

（例）「節度・節制につとめ，自立的な心を育てる」

具体的なねらい「わがままな心を抑え，度を過ごさない生活ができる態度を育てる」

② 授業の流れ（指導過程）の段階に，実践への意欲が反映できる場面を工夫する

③ 資料は，ねらいをもった具体的な，生活に密着したものを選ぶ

2 ねらいを支える生活の背景を考える

児童・生徒のねらいに関する生活の実態はどうなっているのだろう

⇩

☆学校，家庭，地域の中での児童・生徒の行動の妥当性を検討します

・どのようなことができるのか | ・どのようなことができないのか

⇩　　⇩

その理由はなんだろうか

○　家庭や地域での子どもの実態

・保護者や地域の人の要望

↓

この意識と行動の落差

○　年間指導のプランの積み重ねの中で，教科，領域ではどんな指導が果たされてきたのか。

特に，学級活動や学校行事との関連で実践の場は生きているのか。

第4章　道徳資料の取り扱い

3　指導法の改善

①　身体で学ぶという指導の配慮をする

特に小学校低学年から中学年にかけては，知識としてねらいを捉えるよりも，実践活動への動機付けとして，身体で学ばせる指導方法を取り入れます。

そのため動作化や劇化，また，紙芝居やペープサートなど，表現の具体的な場面を取り入れて指導すると身体で学ぶことによる実践化への意欲付けができます。

また，この年代は擬人化した動物などにも興味をもっていますから，リアルな生活問題ももちろん取り入れますが，擬人化した動物を通じて行動様式を学ばせることでも効果があります。

②　中学年から中学生へと年代が上がるに従って，次第に身近な自分の生活に近づけて生活習慣を見直す

そのためには，

・生活実態を現す生活資料を積極的に使います。

・生活実態を調べた各種の調査などを実施し，またそれに関するデータなどを集めて提示します。そのことで具体的な関心をもたせます。

（例）起床時間と朝食の実態調査など。また，朝食抜きによる体の状態の医学的根拠のデータなど。

4　自分の行動を振り返らせる指導を継続的に行う

(1)　道徳ノートや生活チェックリストの利用

子どもの日常生活に関する態度化は，ある程度，習慣性が求められます。安易な惰性から離れるには，意志的な努力がいります。そのため**自己管理の手立てを考えさせます**。

生活行動のチェック表を作ったり，道徳ノートや心のノートの記録などを自分で確かめるなど，自己評価する手立てと機会を作ります。教師は家庭との連携の下，励ましの方向で援助します。

44 モラルジレンマと言われる 道徳授業について

1 モラルジレンマを中心とした資料を使い，モラルディスカッションに力点を置く授業

　一般的な道徳資料は道徳的価値（ねらい）に則して，道徳的な考え方，生き方にしぼってまとめられているケースが多いです。しかし，モラルジレンマ（価値葛藤）と言われる資料は，児童・生徒をジレンマの経験，つまり道徳的な葛藤や矛盾の場面に立たせ，この中から十分な話し合い活動を通じて，道徳的発達を促進させます。つまり授業の中ではねらいに対して，発達段階に応じて，多様な考え方を引き出し，相互に討論しながらも，必ずしも一つの方向で収斂されません。これは子どもたちが認知的発達過程において，子どもたちの道徳的価値に対する理解や判断力は，将来変わる可能性をもっているという考え方からです。

《資料の例・概要》

　ある川上で漁師が，貧しい村を救うために，新しい漁法を編み出し，より多くの魚を取ることができるようになり，村人は助かる。しかし，川下の村はそのために水が濁り，飲み水にもことかく状態になる。ついに二つの村の代表が激しく言い争いを始めるが，どちらも生きる権利を主張して譲らず話は平行線である。さてどうしたらいいのか。

2 理論的背景

　アメリカの心理学者コールバーグ（1927～1987）の認知発達理論が背景にあります。コールバーグによれば，道徳教育の目標は道徳性の発達を促進することにあるとして，3水準，6段階の道徳性の発達の段階を

第4章　道徳資料の取り扱い

示しています。

・認知的な発達と同じく，子どもたちは，各自の属している道徳性発達への段階を登りつめ，より高い段階へと進む。

・その過程はモラルジレンマを経験することである。そしてその段階過程での道徳的な考え方，認知に限界をもち，さらにより高い段階の考え方に同化し，または調整を期待しながらさらに登りつめていくことができる。

・この高い次元へのステップを踏む原動力こそ，モラルディスカッションの過程にあると考えられています。

					6段階 普遍的な倫理的原則の道徳性
				5段階 人権と社会福祉の道徳性	
			4段階 社会システムの道徳性		
		3段階 対人的規範の道徳性			
	2段階 個人主義，道具的な道徳性				
0段階 自己欲求希求思考	1段階 他律的な道徳性				
Ⅰ　前習慣的水準			Ⅱ　習慣的水準		Ⅲ　習慣以降の原則的水準

道徳性の発達段階（コールバーグ，1984）

Ⅰ　前習慣的水準		Ⅱ　習慣的水準		Ⅲ　習慣以降の原則的水準	
0段階	自己欲求希求思考	3段階	対人的規範の道徳性	5段階	人権と社会福祉の道徳性
1段階	他律的な道徳性	4段階	社会システムの道徳性	6段階	普遍的な倫理的原則の道徳性
2段階	個人主義，道具的な道徳性				

3　指導の留意点

①　対立，葛藤など，ジレンマを経験する資料づくりには，相互の考え，判断にも正当性を感じられる資料の構成が必要です。

②　単なる議論で終わることなく，子どものそれぞれの思考の出口の方向性を，生活との関連の中で明確なものにしていく指導が求められます。

　自尊感情を育てるためにも，誰もが話し合いに参加でき，自己表出するディスカッションの手順と方法を確立する必要があります。

（参考資料：荒木紀幸「道徳・ホームページ」徳永悦郎『ジレンマ学習による道徳授業づくり』明治図書）

109

45 道徳の授業に生かす OHP の扱い方

1 道徳授業と OHP 機能の効果

① 副読本やその他の資料との併用で鮮やかな印象を与える

授業の展開の中で，ここぞという力点を強調するとき，用意した映像を近距離から，拡大映写したりして，確かなイメージを学習者に与えることができます。

② 対面の形で教師と子どもの授業が進められる

板書では，とかく教師が子どもに背を向ける場面がありますが，OHP の使用では，クリアシートに OHP 用のペンで，直接，手書きによって，要点などを提示したり，まとめたりすることができます。

③ 道徳の自作資料が簡単に使える

例えば，自然保護，環境問題などを扱う場合，統計資料や絵図を投影して，授業に具体性を即刻持ち込むことができます。

④ 実物投影機などとの併用で多様な資料の扱いができ，子どもも容易に操作できる

手書きや写真技法，各種の複写，工作などの方法を実物投影機との組み合わせで，自由にシート操作などを入れ投映でき，多様な授業の構成ができます。

2 OHP 資料の作り方

① 手書き

クリアシートと OHP 用ペンで，手軽に記入したり，消去もできます。ただ長く保存はできません。

② 写真技法

小さな資料を拡大したり，大きな資料を縮小して使うことができます。

第4章　道徳資料の取り扱い

保存も可能です。

③　複写

　複写フィルムを OHP のステージ面積と同じにして資料を作ります。カラーも可能です。保存も効きます。

④　工作化

　シート用資料の他，例えば TP 棒グラフなど工作を施した資料も作ることができます。

OHP 用 TP 棒グラフ

目盛は問題の
数値に合わせて
水性のペンで
記入します。

厚紙を重ね貼り
してガイドレールを
作ります。

透明板を適時滑らせて，棒グラフの
高さを目盛に合わせて調整します。

・有色の透明板を使って
　作ります。
・滑り良いことが条件です。
・有色は普通，赤，青，緑，
　黄など明るく鮮明な色彩
　が効果的です。

（参照：『小学校学級経営事典』小学館）

3　TP（トランスペアレンシー）の作り方

◎手書きによって合成する方法

・下絵書きをします。下絵の
上にシートを載せ，OHP
用のペンで，下絵をなぞっ
て，マスターシートを作り
ます。

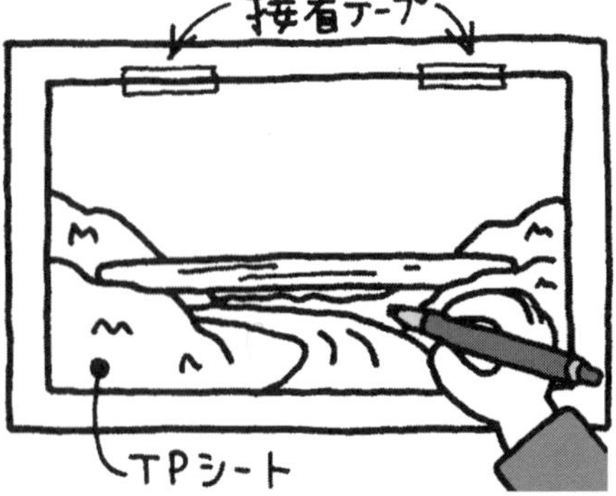

・マスターシートを中心にして①〜④までの順で，重ね絵を作り，テープでちょうつがい式に止めます。

・統計資料などは TP シートにグラフの下絵を書き，以下，①〜④にそれぞれ変化に富んだ線グラフや棒グラフを入れて変化の推移を見せることもできます。

各シートを重ね合わせ
たり，取りはずしたり
できるよう，テープで
ちょうつがい式に止め
る

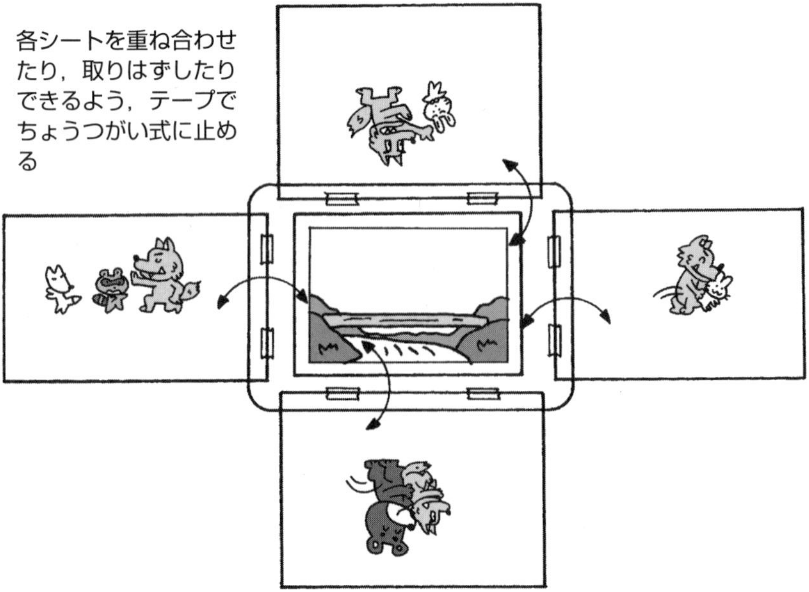

第5章

家庭・地域との関連

46 道徳指導を通じて家庭との連携を どう図るか

1 心の学習の情報を家庭に

　道徳の指導は，児童・生徒の心に直接訴え，日常はもちろん，将来にわたって，より好ましい社会性を身につける生き方を学びます。方法としては資料を使った生き方のシミュレーションの場を数多く経験します。

　しかし，こうした心の生き方の基本は，幼少時より基本的には各家庭で培われてくるものです。でも現在ではその家庭の抱える問題も多様化してきています。

　そこで学校での道徳指導と家庭の関係を次の表にしてみました。

《学校》 　　　　　　　　　　　　　《家庭》《地域》

◇道徳の時間の指導	◇家庭や地域での実践
・基本的な生活習慣の大切さに気づかせる。 ・各種資料を使って道徳的価値について学ぶ。 ・授業を公開する。（話し合い，懇談会をもつ。） ・学校は具体的な学習の情報を保護者に伝える。 　学校・学年，学級通信， 　道徳だより	・起床，就寝，食事の規則的時間。 ・生活のマナーの基本実践化。 ・生活場面での実践。 　保護者はどのような道徳的価値を具体的にどう学んだのか知る。 ・家庭や地域ではその学習を生活に則してどう生かすことができるか。 （子どもの心の今を知る。）

2 道徳指導は家庭・地域との連合で成果を一層高める

◇ヒューマン・サポート・ネットワーク

　今の子どもたちに特に必要なのは，個別化から健全な社会化への資質

第5章　家庭・地域との関連

をいかに高めさせるかにあります。情報社会はますます個別化，孤立化を助長しています。人と人との繋がりの大切さ，そのための各種の道徳的規範やマナーの学び方，特に基本的な生活習慣の形成や社会的規範意識の育て方に支援の中心を置き，そのためには，小まめに道徳通信を家庭に出すようにします。学年だよりの一隅に必ずクラスの道徳だよりのスペースを作っておきます。

道徳指導（子どもの心の指導）の具体的な指導の情報を家庭に届けます。その中から社会化に対してのマナーと問題意識を保護者と共有してもらう，ここがキーポイントになります。

3　私的空間と公的空間の関係の理解を図る

情報社会は私的な空間を広げていきます。子どもも自分の選択によって，自由に生きる時間と空間を家庭の中にもってきます。それはますます家庭の中での子どもの個別化を助長していく傾向です。自分の思いのままの生活空間を広げていきます。このために公，つまり社会的な繋がりの中での規範意識などが抜けてしまうケースが生活の中で多く見られます。

家庭の中にいかに公的な空間，つまり人と交わり，関係を保つ，社会化のための土壌となる生き方を導入し，学習させるか。このことを道徳指導を通じて，子どもはもちろん，保護者にも理解してもらいます。

道徳の授業参観の後などで，具体的な懇談会をもち，話し合うのもよいでしょう。なお，相談ケースは個別的に時間を設けて行います。

道徳ノートを利用して，保護者の考えや意見など幅広く反映させる方法もあります。いずれにしても，学校と家庭が子どもの生き方に関心を持ち合う，そこが「共育」の第一歩なのです。

47 道徳授業の地域・保護者への公開について 効果的な方法は

◆ねらい

　児童・生徒の道徳性の高まりは，地域・家庭・学校の連携なくしては果たせません。そのためにも学校での道徳指導の実際を公開し，多くの意見を交換し，理解を深めることが，強く求められています。

実施前

　① 　指導内容の検討と指導案の作成
・年間指導計画に則し，学年などを通じて内容と方法を決定。
・資料については，特に力点を置いて検証。
　② 　開催通知の発送
・方法→学校だより，チラシ，ホームページ，ポスター。
・対象→保護者，地域関係者，学校評議員，青少年団体関係。

直前のチェック

・授業案や資料の準備と作成。当日の配付資料の準備。
・教育委員会や地区の公的機関への連絡と打ち合わせ。
・懇談会の準備→司会，進行係の決定と依頼，その他の係依頼。
・外部講師を迎える場合は，事前の打ち合わせ。

当日の授業　☆参会者に指導案などの資料の配付。

　① 　資料の効果的利用
・読み物資料：副読本，文部科学省資料，その他道徳資料，新聞記事，
　　　　　　　作文，その他。
・視聴覚資料：ビデオ，テレビ番組，DVD，スライド，絵画，写真，

第5章　家庭・地域との関連

　　　　　　紙芝居，統計資料，その他。

☆上記のほか，指導方法，授業形態により多様な材料を活用。

②　発問への工夫

・児童・生徒の本音に迫り，引き出す発問の工夫。

・中心発問を予想して，補助発問を組み立て，ねらいに迫る。

③　学習活動の活発化

・話し合い形態の工夫。全員かグループか，討論形式か，その他。

・ゲスト・ティーチャーには「持ち時間」の打ち合わせを事前に。

・ゲスト・ティーチャーの話に基づき，ねらいに迫る指導過程を工夫。

・書く活動の積極的導入→ワークシート，ノート，その他。

・まとめに対しての工夫。説話なども考慮。時間切れに注意。

懇談会

《開会》

　道徳授業の公開の目的や趣旨を，参会者に説明，自由に意見の交換を図り，道徳指導への理解を得るようにする。

《意見の交換》

・教師側から，本時の指導の意図やねらいに対して，どのような指導方法を実施したか説明。

・司会者を交え自由に意見の交換を図っていく。（記録は了解を取る。）
　（司会者を参会者から選ぶ方法も好感をもたれる。）

・これからどのように学校と保護者などが協力して，道徳性の育成に努めるか，共通意識が計られるように全体をまとめる。

《講師などによる助言》

・授業のポイントのまとめと，これからの道徳教育の大切さ，方法などについての助言をもらう。

◆実施後は，当日のまとめを道徳通信などで，家庭や地域に配布する。反省点や改善点など，学校全職員で総括し，次回の指導に生かす工夫。

48 保護者との面談の効果的な方法は

1　面談の基本的な態度

⑴　心を白紙にして向き合う

相手への思い込み，偏見，また自分自身への過剰な自信は禁物です。聞き手の純粋性が問われます。とにかく聞くことに徹する態度です。

⑵　相手を受容する気持ち

相手の話（心）を，ありのままに受け入れる態度を示します。温かさ，柔らかな言動が大切です。相手に安心感を与えます。

⑶　共感的な理解の仕方を示す

何とか聞いてもらいたい，あるいは訴えたい。その気持ちを排除や嫌悪で逃げるのではなく，向き合ってその気持ちや心の世界を，まず理解していこう。この態度が教師には求められるのです。

2　面談の技法

⑴　相手に信頼の気持ちをまずもってもらうように

ラポート（信頼関係へのつながり）を作ると言います。この人なら何でも語れる。相手がそう思うような，相手との話し合いの橋をかけることが必要です。

⑵　一生懸命聞いてあげる態度

はじめは時間がかかっても，ひたすら相手の話を聞いてあげます。その中から何が問題点なのかを，浮かび上がらせていきます。その上で，相談が次回に及ぶ場合は時間などのルールを決めます。

《具体的な聞き方の技法》

①　あいづち

「うん」「なるほど」「そう……」「はい」など，相手に自由にまず語ら

第5章　家庭・地域との関連

せるための潤滑油が「あいづち」です。

② 繰り返し

相手が特に感情的に話す場合など，静かに相手の話をもう一度繰り返します。「そうですか。そのときくやしくって，くやしくって……。」「そうですよ，私はくやしくって，だから……。」

③ 感情の明確化

例えば，いじめられたわが子を語り出した保護者が，次第に興奮して感情と事実が混同してきたり，話が混乱する場合などがあります。そんなとき，一度相手の気持ちを整理し，これからどうしていけばいいのかなど，相手の気持ちの明確化を援助してやる場合があります。

④ 言い換えと要約

相手の気持ちの明確化を援助しながら，問題点を要約して考え合います。そうした整理の段階があります。この場合，教師が勝手にまとめたという感じをもたせず，何回も相手の気持ちを言い換えたりしながら，相手の納得する要約へ導きます。

この過程でしばしば起こる問題は，

・**沈黙**→保護者の自問，また教師の出方を探るなどの場合，沈黙が訪れる場合があります。この場合，あせらずゆっくり，温かく見守る態度が必要です。

・**質問の仕方**→保護者が責められていると感じる質問はしないこと。あくまで話の事実に沿い，相手の気持ちの広がりを期待する質問に。

⑤ 秘密の保持

相談内容が個人秘密の場合は絶対に厳守します。これを基本にして，もし内容が他の保護者や子どもに及ぶ場合は，教師は単独に判断せずに，校長や他の教師に相談すること。なお，特異な相談相手のモンスターペアレントなどへの対応は，教師集団の対応に関して校内態勢づくりが必要です。

119

49 ゲスト・ティーチャーの導入と効果について

1 郷土や地域の人的資源の生かし方

道徳の授業の中で，郷土愛や，愛国心，また自然愛・環境保全，公徳心，勤労，社会奉仕，尊敬，感謝，報恩などの指導内容を取り扱う場合，しばしば郷土や地域の題材を資料として扱い，そのために関係する人たちに，ゲスト・ティーチャーとして，授業に参加してもらったり，また事前の調査などに協力してもらう場合が多くあります。

そのようなときには次の点に注意しましょう。

① 事前に地域の人材データバンクを作っておく

道徳の指導だけでなく，社会科，また総合学習などでも，事前の調査資料への協力や，当日の実際の授業にも参加してもらうゲスト・ティーチャーが求められる場合があります。

担任がその都度，一人ひとりのゲストに当たることは困難です。そこで学校全体を通じて担当する係を決め，そこへ集中的に人材バンクとして本人の了解のもと登録しておきます。

② 収集の仕方

見つけ方としては，地域を対称とする生涯学習センターなどに登録されている人材データなどからピックアップすることも可能です。この場合も個人情報の取り扱いから登録機関はもちろん，本人の了解を得てからにします。

後は図書館の郷土資料や口コミなどで，地域の郷土研究家やPTAの機関を通じて広く人材を求めます。

2 道徳指導で生かす場合の配慮

丸投げ，お任せ指導は避ける

第5章　家庭・地域との関連

　道徳の指導にはねらいがあります。そのねらいに則して事前にゲスト・ティーチャーと十分打ち合わせをします。その場合は指導過程のどの部分をお願いするのか，明確に授業の流れを掴んでもらいます。2時間扱いとして，1時間をまるまるゲスト・ティーチャーにお願いする場合もあります。

《実践例》

　　対象は6年生。ねらいは3―(2)自然愛，環境保全。

　　2時間扱いで計画された。

　　第一時限は，総合学習との関連で，地域にある動物ボランティアセンターへ見学に行き，そこに保護されている動物の実態と，それを保護管理している人たちの働く姿を観察し，実際に傷ついた鳥や動物の世話を実習した。

　　第二時限（道徳時間）

・資料「海は死なない」ゆうきえみ作（光村図書道徳副読本）を使って授業をする。

・動物ボランティアセンターの所長をゲスト・ティーチャーに迎えて，重油の海から渡り鳥を救った実践の話を聞く。

・ゲスト・ティーチャーと児童との話し合い。

　「子どもたちが感銘を受けたこと」

　　児童がボランティアとして働く，多くの大人たちに対しての感想として「本当に動物を愛していることに感動した」と，口々に発言したことに対して，ゲスト・ティーチャーの所長が「私たちは動物も好きだ。でも人間が大好きだから，この動物たちを救っているのです」と話した。所長が，人間が動物との共生なくしては生きていけないことを諄々として説いたとき，児童は初めて人間と動物にとって環境保全がいかに大切かを理解できた点だった。

121

50 郷土資料を活用して授業する上での配慮は

1 郷土にちなんだ道徳資料の強み

　郷土の資料には，その土地の歴史や実在の風土などに関する話が多くあります。例えば植林，河川の工事，土地開発，神社仏閣などの建物のいわれ，碑や史跡などとの関連，また地名のいわれ，あるいは郷土の生んだ偉人など。

　つまり，そこに住む児童・生徒との間の可視的な課題が多いです。それだけ身近で現実味をもった課題になるわけです。

・郷土研究家や郷土の文献などの生かし方

　郷土の研究家や古老などからの詳しい話をもとに，資料の収集を図り，道徳の指導内容に即したねらいに合わせて再構成します。

2 資料の再構成のポイント

指導内容のどこに位置付けるのか

　例えば，新田開発に尽くした江戸時代に生きた郷土の偉人を対象とした場合(高学年)，

　　1つは，郷土愛（郷土の発展に尽くした人）（ねらい4―(7)）

　　2つは，その偉業に感謝，尊敬，報恩として取り扱う場合
　　　　　（ねらい2―(5)）

　　3つは，その偉業を苦しい中でやり遂げた，その過程に眼をやると，
　　　　　不撓不屈，希望，勇気（ねらい1―(2)）

として取り扱えます。

　このように，その資料・調査内容の分析とアレンジの仕方で，どこに比重を置くのか，これによって指導の内容，つまりねらいが違ってきます。

122

第5章　家庭・地域との関連

3　ゲスト・ティーチャーを起用する場合

　ねらいに則して，郷土研究家の人たちを招くのか，事前の資料収集の段階で協力してもらうのか，明確にします。時には協力してもらった人をゲスト・ティーチャーに招く場合もあります。いずれにしても事前の指導過程を組み立てるときにこの立場を決めておきます。

　単に授業に招いてお任せする丸投げは禁物です。ただ，事前に打ち合わせをしても，一般にゲスト・ティーチャーは史実や伝承的な事柄について触れる場合が多いです。

　道徳の指導はそれを受けて，教師がねらいに向けて締めくくっていくことが大事です。

4　共同発表を児童・生徒がする場合の配慮
総合学習や社会科の発表との違いを押さえる

　道徳の授業は，あくまでもねらいが先行しています。ねらいに沿ったまとめをする指導を忘れないように。児童・生徒の調査のまとめの発表会で終わるのではなく，ここを共通の課題にして，ねらいに則して個々の子どもたちが，郷土の学習内容に対して，どのようにここから向き合って，自分たちの今の生き方を振り返るのか，その着眼点と意欲付けが大事になってきます。

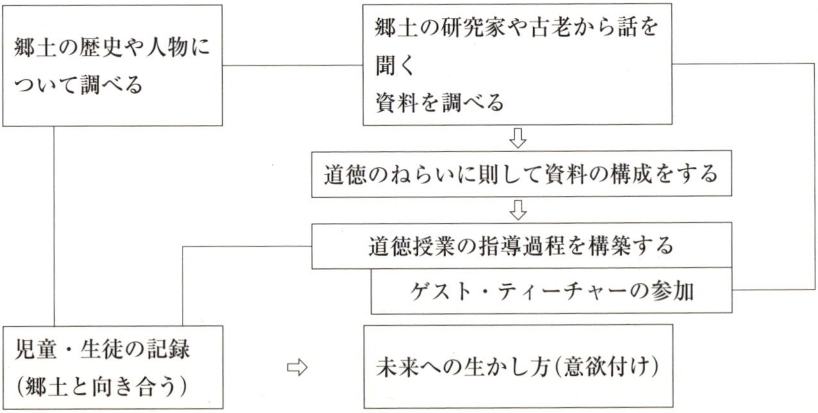

```
┌─────────────┐      ┌─────────────────┐
│ 郷土の歴史や人物に │─────│ 郷土の研究家や古老から話を │
│ ついて調べる    │      │ 聞く          │
│           │      │ 資料を調べる      │
└─────────────┘      └─────────────────┘
      │                    ⇩
      │           ┌─────────────────────┐
      │           │ 道徳のねらいに則して資料の構成をする │
      │           └─────────────────────┘
      │                    ⇩
      │           ┌─────────────────────┐
      │           │ 道徳授業の指導過程を構築する      │
      │           │   ゲスト・ティーチャーの参加     │
      │           └─────────────────────┘
┌─────────────┐      ┌─────────────────────┐
│ 児童・生徒の記録  │  ⇨  │ 未来への生かし方（意欲付け）    │
│ （郷土と向き合う） │      └─────────────────────┘
└─────────────┘
```

123

著者紹介

小川信夫

　川崎市総合教育センター所長，玉川大学学術研究所客員教授を経て，現在，現代教育文化研究所代表。元NHK道徳TV番組ライター。道徳の指導主事など。また，全人教育の立場から文学活動に携わり，青少年向け作品を書く。平成十八年度舞台劇「多摩川に虹をかけた男」で斉田喬戯曲賞受賞。日本芸術振興財団演劇専門委員，文化庁文化政策推進会議演劇専門委員，文部科学省道徳資料作成委員等歴任。日本児童演劇協会常任理事，日本人間関係学会，国語教育学会等にも属し，教育文化と情操教育活動に従事。平成二年度川崎市文化賞受賞。

　最近の主な著書に『親に見えない子どもの世界』『情報社会の子どもたち』『少子家族・子どもたちは今』『溶ける家族と子どもたち』『さわやかマナー』（以上，玉川大学出版部）『子どもの心をひらく学級教育相談』『学級づくりハンドブック』『いますぐ取り組む学級の安全管理・危機管理』（編著）『道徳の授業が100倍面白くなる道徳朗読劇の指導』（以上，黎明書房）。その他，道徳副読本編著等。

＊イラスト　山口まく

　　恥ずかしくて聞けない道徳指導50の疑問

2010年 2月10日　初版発行
2011年12月25日　3刷発行

著　者	小 川 信 夫
発行者	武 馬 久 仁 裕
印　刷	株式会社　太洋社
製　本	株式会社　太洋社

発 行 所　　　　　株式会社 黎 明 書 房

〒460-0002　名古屋市中区丸の内3-6-27　EBSビル
　　☎052-962-3045　　FAX 052-951-9065　　振替・00880-1-59001
〒101-0051　東京連絡所・千代田区神田神保町1-32-2
　　　　　　南部ビル302号　　☎03-3268-3470

落丁本・乱丁本はお取替します。　　ISBN978-4-654-01837-6
ⒸN. Ogawa 2010, Printed in Japan

道徳の授業が100倍面白くなる**道徳朗読劇の指導**

小川信夫著　Ａ５・195頁　2000円

生命尊重や家族愛，自由と責任，いじめやメール問題など，子どもの心に迫る12の道徳朗読劇を，事前練習の進め方や授業での使い方，指導のポイントとともに収録。

ゲーム感覚で学ぼう，コミュニケーションスキル

田中和代著　Ａ５・97頁　1600円

小学生から　初対面同士でもすぐに親しくなれるゲームや，爽やかに自己主張することを学ぶアサーショントレーニング等を紹介。指導案付き。

カウンセラーがやさしく教える**キレない子の育て方**

田中和代著　四六・114頁　1200円

キレる子は社会にうまく適応できずに不幸になります。「キレないための４つの力」の育て方など，親の対応の仕方を，上級教育カウンセラーがマンガでじっくり解説。

増補　いじめ問題の発生・展開と今後の課題

今津孝次郎著　Ａ５・196頁　2600円

25年を総括する　80年代以降のわが国のいじめ問題を総括し，いじめとそのとらえ方の変容を整理。「付章　いじめ『対策』から反いじめ『政策』へ」を増補。

小学校 **全員参加の楽しい学級劇・学年劇脚本集**（全３巻）

小川信夫・滝井純監修　Ｂ５・224～230頁　各2900円

低学年／中学年／高学年　劇遊び，表現遊び，ミュージカル，人形劇，英語劇など，多様な表現形式で構成した学級・学年全員が出演できるオリジナル脚本を収録。

表現力・創造力を高める**学級活動12ヵ月**（全３巻）

小川信夫他編著　Ｂ５・129～130頁　各2200円

低学年／中学年／高学年　学習の年間計画と連動した学級表現活動の実際を，月ごとのねらいをふまえ展開。学級表現活動にすぐに役立つアイディアも紹介。

小学校 **学級ゲーム＆レクリエーション年間カリキュラム**

小川信夫・武田晋一編著　Ｂ５・134頁　2200円

学級活動や学習の活性化を促す，月ごとのゲームとレクリエーションを満載。ねらいが一目でわかる「ゲーム＆レクリエーション年間計画活動表」付き。

表示価格は本体価格です。別途消費税がかかります。

子どもの遊び空間を広げる わくわく遊び＆わくわくゲーム BEST42

小川信夫編著　Ａ５・94頁　1600円

遊びの指導と支援の仕方　子どもたちが遊びを通して豊かな人間関係を築けるよう支援する，42の遊びとゲームを，「協力・共同ゲームと遊び」など６つに分けて紹介。

学級づくりハンドブック

現代教育文化研究所編著　Ａ５・200頁　1800円

班・学級会の作り方から，全員が参加する授業や学級の安全管理，人権教育まで，子どもたち一人ひとりの個性を生かした開かれた学級づくりの方法を詳述。

いますぐ取り組む 学級の安全管理・危機管理

小川信夫・岩崎　明編著　Ａ５・200頁　2400円

子どもをねらった犯罪や子ども同士のトラブル，児童虐待，交通事故などの事件や事故の予防や，地震や火事などの災害への適切な対処のためにできる取り組みを紹介。

学級担任のちょっとした表現術入門

小川信夫・現代教育文化研究所編著　Ａ５・142頁　1700円

道徳資料の集め方と教材化への工夫，正しく聞き取る伝達事項の伝え方，鉛筆対談，演劇的手法を使った学習発表，学級集会の効果的な演出などの工夫が満載。

学級担任に絶対必要な「フォロー」の技術

中村健一編著　四六・155頁　1600円

子どもを動かす今までにない教育技術，「フォロー」について詳述。「授業中に立ち歩く」「トラブルを起こす」など，「困った子」への「フォロー」の実践事例も紹介。

子どもも先生も思いっきり笑える 73のネタ大放出！　教師のための携帯ブックス①

中村健一著　Ｂ６・94頁　1200円

子どもたちが安心して自分の力を発揮できる教室づくりの方法。「鼻下注意の命令ゲーム」「お名前ビンゴ」等，子どもの心をつかむ，楽しい73のネタを紹介。

教師のための時間術

長瀬拓也著　四六・128頁　1400円

毎日仕事に追われ，学級経営や授業に悩む先生方必読！　時間の有効活用法をあみだし，仕事に追われる日々から自らを解放した著者の時間術を全面公開。

表示価格は本体価格です。別途消費税がかかります。